Uの青春

カッキーの闘いはまだ終わらない

垣原賢人

廣済堂出版

Uの青春　カッキーの闘いはまだ終わらない

強まるタッグロープの絆——まえがきにかえて

二宮清純

〈突然ですが、あまり良くないニュースがございます。自分の体に悪性リンパ腫が見つかり、来年から闘病生活を余儀なくされることになりました〉

垣原賢人さんからメールが入ったのは、街がにぎわう昨年（２０１４年）のクリスマスのことです。折り返し電話を入れ、病状を聞きました。

本人によると、数週間前から鼠径《そけい》部や脇のしこりが気になり出し、近くの病院で診察を受けると、にわかに医師の顔色が曇ったそうです。

「大学病院に紹介状を書くので、すぐに行きなさいと。その時点で嫌な予感がしていました」

診断の結果は「悪性リンパ腫」。いわば血液のがんです。大学病院の医師から、垣原さんは「完治は難しい」と告げられました。

「再発することもある。抗がん剤も効きにくい。最終的には骨髄移植も覚悟してください」

悪性リンパ腫の中でも、垣原さんが患ったのは「濾胞《ろほう》性リンパ腫」という性質の悪い種類で、本人いわく「プロレスでいえば、カウント２・９の状態」。この日からがんとの壮絶な戦いが始まりました。

冷静に垣原さんは続けました。

「自分なりに調べた結果、これまでの食事に原因があったのでは、という結論に至りました。リングに上がっている頃は筋肉のことを考えて肉ばかり食べていた。過度の動物性たんぱく質や塩、砂糖、そして油の摂取。きっとミネラルやビタミンが細胞に、しっかりと行き届いていなかったのだと思うんです」

以来、今まで動物性のたんぱく質は、一切摂取していないそうです。

「食事は野菜中心。しかも味付けなし。塩分のある味噌汁もダメ。こんな生活がずっと続いています」

外出もままなりません。抗ガン剤治療を受けると、免疫力が落ちるため、人混みは避けなければならないのです。

「このような状況でカゼをもらうわけにはいきませんから……」

垣原さんは17歳で新生UWFに入門後、UWFインターナショナル、キングダム、全日本プロレス、ノア、新日本プロレスと多くの団体を渡り歩いてきました。同郷でともにクワガタ・マニアということもあって意気投合し、私が主宰するサイトにもコラムを寄せてもらっています。なかなかの名文家です。それをまとめたのが、この一冊です。

「元気になったら、キャンピングカーに乗って、この本を売って歩きたいです」

本を出版するにあたっての打ち合わせで、垣原さんは、そう語っていました。1日でも早く、その日が訪れることを願ってやみません。

垣原さんを慕う文化人は多く、将棋の郷田真隆新王将もそのひとり。骨髄移植を見据え、就位祝賀パーティーでは募金を呼びかけました。カウント2・9での戦いを続ける43歳に支援の手を差し延べようと、タッグロープの絆が強まりつつあります。

Uの青春――目次

強まるタッグロープの絆――まえがきにかえて　二宮清純……3

第1章　〝U〟に賭けた怒濤の青春

引退――プロレス人生に悔いなし！……14
UWF入門への道――高校中退の決意……16
UWF入門への道――上京……19
UWF入門への道――地獄のテスト……22
UWF入門への道――成就……26
前田日明のラッパとオカンの布団巻き……29
スイカの思い出……32

ＵＷＦ解散……35
福笑い事件……38
尾崎豊がいなかったら……40
理想と現実の狭間で……45
芸人になった夜逃げ練習生……49
十七歳の地図……55
ＵＷＦとＵインター、思想の違い……59
君はキングダムを覚えているか……64
〝Ｕの落とし子〟の涙……68

第2章　ファイターたちのマル秘ファイル①――ＵＷＦ、Ｕインター編

夢の対決の結末――**高田延彦**……74
目で殺された――**山崎一夫**……76

肉体改造の実験台──**船木誠勝**……79
〝世界一性格の悪い男〟からの手紙──**鈴木みのる**……82
再戦への未練──**桜庭和志**……85
帝王の覚悟──**髙山善廣**……88
Uの技巧派──**安生洋二①**……91
「プロレスに誇りを持てよ！」──**安生洋二②**……93
Uインターの頭脳──**宮戸優光**……97
海を渡ったマシンガン掌底……100
戦慄のスープレックス──**ゲーリー・オブライト**……106
プロレスラーは首が命──**ミスター空中**……109
〝神様〟との小さな思い出──**カール・ゴッチ**……112
〝人間風車〟の教え──**ビル・ロビンソン**……115
スーパーじいちゃん──**ダニー・ホッジ**……118

第3章　ファイターたちのマル秘ファイル②――全日本プロレス、ノア編

馬場チョップの威力――**ジャイアント馬場①**……122
解剖学からみる馬場チョップ――**ジャイアント馬場②**……124
激痛ヘッドロック……127
〝カッキーカッター〟誕生秘話……130
プロの流儀――**スティーブ・ウイリアムス**……138
マット界一の人格者――**三沢光晴**……142
ノアを退団した本当の理由……145
外人選手の教育係――**ジョー樋口**……151
レスラーの引き際――**小橋建太**……154

第4章　ファイターたちのマル秘ファイル③——新日本プロレス編

極まらない神秘——**アントニオ猪木①**……160
北朝鮮、恐怖の夜——**アントニオ猪木②**……162
キレさせたのは僕——**長州力**……165
故郷・新居浜での深イイ話——**木村健悟①**……168
稲妻伝承——**木村健悟②**……172
真の強さとは?——**藤波辰爾**……175
破壊王に破壊された日——**橋本真也**……178
宿命のレスラー——**佐々木健介**……180
文字どおりの侍——**エル・サムライ**……183
ケツ攻撃一筋——**越中詩郎**……185
追悼〝ミスター新日本〟——**山本小鉄①**……188
小鉄さんに殴られた稔——**山本小鉄②**……192

真のタイガーマスク運動とは——**タイガーマスク（4代目）**……196
素手で闘った大勝負——**成瀬昌由**……200
カッキーカッター伝承——**田中稔**……205

第5章 ミヤマ☆仮面、誕生！

マスクマン願望……210
気は優しくて力持ち——**中西学**……214
昆虫ヒーローの使命……218
進化するクワレス……222
心優しきマスクマン——**ウルティモ・ドラゴン**……227
覆面と仮面、2つの歴史……231
マスクマンの美学——**ザ・グレート・サスケ**……235
男が惚れるプロボクサー——**八重樫東**……238

タッグ結成――**辻よしなりアナウンサー**……242
キャンピングカーで全国制覇!?……246
ブラジル『ジャングルファイト』から養老の森へ……251

第6章　負けるわけにはいかない、がんとの闘い

がんとの闘いの幕開け……258
過酷きわまりない食事療法……261
支援の輪に感謝……265
息子の素顔デビュー……269

あとがき――UWF伝承、がん撲滅、森林保全の3大使命……274

第1章

〝U〟に賭けた怒濤の青春

引退――プロレス人生に悔いなし！

「私、垣原賢人は、大好きなプロレスを17年間続けて参りましたが、この度、引退を決意致しました」

２００６年4月19日、新日本プロレスの事務所にて引退会見を行なった。

もう僕の頚椎《けいつい》は限界にきていた。年間１３０試合を行なってきたが、ここ2年あまりは、首の痛みとの闘いであった。試合前後には、痛み止めの薬、そして夜は首の筋肉が硬直して眠れないため筋弛緩剤《きんしかんざい》を投与していた。それでもダメな日は睡眠薬に頼った。

もう体はボロボロだった。両膝と両足首はテーピングで固めなければ試合ができなかった。それでもリングに上がり観客の声援を受けると頑張ることができた。レスラーにとって、やはりリングの上こそが最高の場所なのだ。

17年間のプロレス人生を振り返ると、団体の度重なる解散の苦悩とそして怪我との闘いばかりであった。決して恵まれてはいなかったと思う。ただ、栄光は少なかったが、たくさんの素晴らしい方たちと出会うことができた。これはプロレスをやっていたお陰だと思う。

そして、なんと言っても一番の宝は、マット界の核であった3つの団体の創始者であるU.W.F.（以下、UWFと表記）の前田日明《あきら》さん、全日本プロレスのジャイアント馬場さん、そして新日本プロレスのアントニオ猪木さんにプロレス哲学を直接学べたことである。これは僕の誇りであり貴重な財産だ。

05年11月27日、藤沢市体育館。

その日、僕は好敵手である金本浩二選手との戦いを前に気合満々であった。なぜなら彼とは、新日本プロレス所属になってから、最も観客と一体になれる試合ができたからだ。

「今日は目の覚めるような闘いをするぞ！」

だが、気持ちとは裏腹に体は悲鳴を上げていた。頚椎のヘルニアが僕の体を確実にむしばんでいたのだ。

開始からわずか1分33秒、試合終了のゴングが打ち鳴らされた。そして、けたたましい救急車のサイレンが鳴り響く中、僕はミスター空中《そらなか》レフェリーの口癖をぼんやりと思い出していた。

「垣ちゃん、首だけは鍛えなアカンよ」

レスラーの生命線は首なのだ。もう取り返しのつかない状態になって、そのことを思い出すなんて、愚かなものだ。

「初心忘れるべからず」とは良く言ったものだ。結果的に、この一戦が引退を決意した試合となってしまった。

半年余り欠場していたが、僕の中で止まった時計の針を再び動かすためにも、満身創痍《まんしんそうい》ながららも引退試合に臨むことにした。

対戦相手はもちろん、金本選手だ！

苦難のプロレス人生ではあったが、最後は有終の美を飾りたい。

２００６年5月28日、僕は後楽園ホールでプロレス人生の集大成を迎えた。

ＵＷＦ入門への道——高校中退の決意

現役を引退してからというもの、桜満開の季節になると、27年前のあの頃をつい思い出してしまう。

１９８８年4月、僕は愛媛県の新居浜西高校に入学した。高校生活をスタートさせたものの、心はＵＷＦにあった。

憧れの前田日明選手や高田延彦選手などが新日本プロレスを飛び出し、新しい団体ＵＷＦを立ち上げたからだ。

幼少の頃からプロレスファンであった僕は、中学に入ると新日本プロレスのリングで暴れまわっていた格闘集団ＵＷＦの虜《とりこ》となった。

そのＵＷＦがついに独立し団体を発進させたのだから、いてもたってもいられなかった。それに所属選手並びにフロント陣までもが、皆20代であるところも新しい何かを作ってくれる気がしていた。

UWFは、まず初めに従来のプロレスでは曖昧だったルールを明確にし、分厚いルールブックを作成したのだった。これにはスポーツとしての新しいプロレスを目指しているのが、ビシビシ伝わってきた。

さらに会場では、当時画期的だったレーザー光線などを使い、演出面でも新たな試みを行なっていた。

若者向きであるオシャレなプロレス！　それがUWFであった。まさにこれまでのプロレス団体にはない新しい風が吹いていたのだ。

そんなUWFに惹かれた僕は悩みに悩んだ挙句《あげく》、高校を中退する一大決心をした。反対されるのを覚悟で、親や先生にそれを伝えると、当然のごとく猛反対された。

「プロレスなんてイカサマなものをやってどうする！」

担任の先生は、僕の自宅でプロレス雑誌を投げつけた。

母は「高校ぐらいは出たらどうなん」と言って、号泣した。父親のいない家庭で育った僕に、人並みの教育を受けさせたいという母親の気持ちは痛いほど伝わってきた。

「オカンに反対されたまま家を出て行きたくないし……。でも体が小さな俺は今動かないとレスラーになれん……」

入門規定の180センチに満たない体であったため、焦りがあった。

親や学校側との平行線が続き、精神的にも参っていたある日、僕は、柔道の練習中に大怪我をしてしまった。なんと背骨を骨折してしまったのだ。

夢を追うどころか、寝たきりで数カ月間も過ごすことになってしまった。コルセットを巻いての療養生活で、僕のウエストは女の人ほどに細くなっていった。

「こんな弱い体でレスラーになれんのか？」

僕は苛立《いらだ》ちと不安で毎日泣いてばかりいた。

「やっぱり夢なんか追うなと神様が言っとるのかな。これはきっと警告なんだ……」

日を追うごとに弱気な自分が支配するようになっていた。

そんな僕をずっと励まし続けてくれたのが、2つ上の兄だった。

「賢人なら絶対にレスラーになれる。きっとこの苦境を乗り越えられるけん、大丈夫！」

この言葉がどれほど大きな励みとなったかわからない。

「これ聴いてみて。凄いええよ！」

そう言って、兄から一本のテープを渡された。十代のカリスマと呼ばれたミュージシャン・尾崎豊のテープである。『15の夜』や『十七歳の地図』など、自分と同じような境遇の歌詞が心に届いた。

「仲間がもう一人いるみたいだ……」

日にち薬で背骨は完治したが、今度は厳しいリハビリが待っていた。寝たきりの日々であったのだから当然、筋肉の衰えは相当なものであった。

苦しいリハビリ生活の中、毎晩のように母にレスラーを諦めない気持ちを伝えた。

「こんなケガしたのは、グチグチ消化不良の毎日を過ごした自分がいたからだと思う。ほやけん、お願いだから自分の好きな道を歩ませて。一度の人生だから悔いなく生きたい」

あれほど反対していた母は、もう反対をしなくなった。

数日後、学校に退学届を出した。母が気丈に振舞っていたのが、かえって胸が痛かった。親不孝だと思いつつも、僕は自分の夢を掴むためには前に進むしかなかった。

UWF入門への道——上京

UWFの入門テストに合格するために、トレーニングに没頭する日々が始まった。

まずは、レスラーの基本練習のスクワットだ。愛読している専門誌に載っていた、憧れの高田延彦選手のスクワットの方法を試してみることにした。片手に5本ずつのマッチ棒を持ち、スクワットを100回やるたびにそれを1本ずつ捨てていくというやり方だ。両手のマッチ棒がなくなれば、1000回行なったことになる。

「よ～し、やったる！」

僕は近所の河川敷に行き、昼下がりの炎天下の下、ひとり黙々とスクワットに励んだ。

しかし、何日やっても片手のマッチ棒すらなくすことができない。いつになっても、3本目のマッチ棒が草むらに転がる頃には、僕の足は、生まれたての小鹿のようになってしまうのだ。

それでも僕は、レスラーになりたくて、来る日も来る日もスクワットをやり続けた。

秋が来て冬が訪れる頃、ようやく10本のマッチ棒が手の中からなくなった。自信がついた僕は、入門テストの申し込みの履歴書を送った。

が、待てど暮らせど連絡はない。

「何で来んのん？　高校まで辞めてしまって、後がないのに……」

痺《しび》れを切らした僕は、上京する決意をした。

と言っても、16歳の少年が四国の田舎から東京に1人で出るのは、海外に行くのと同じくらいの一大事だった。

「東京に知り合いもおらんし、不安やなあ……」

そんな時、祖母が、遠い知り合いに、東京で新聞店を経営している人がいると言い出した。

「ばあちゃん、何でもするから、そこの新聞店に住み込みさせてくれるよう、頼んでん！」

目の中に入れても痛くない孫の頼みに、祖母は頑張ってくれた。はじめは、見ず知らずの田舎の少年を預かるのに首を縦に振らなかった新聞店の社長も、根負けしたのだ。

「ありがとう、ばあちゃん！　東京で夢を掴んでくるけん」

僕は、東京の足立区にある新聞店で働き始めることになった。朝3時に起床し、新聞にチラシをはさんでから、走って500件の家に配る。その後、仮眠を取り、荒川の土手でトレーニングをする。そして夕方からは、また夕刊配りだ。

そんな日々を送っていたある日、同じ新聞店に勤めているおじさんに声をかけられた。

「おまえ、若いのになんで、ここで働いているんだ？」

「僕は、プロレスラーになりたくて、四国から出てきました。東京に出たら、チャンスがあるかなと思って……」

「プロレスラーか〜。そういや、おまえが今いる部屋に以前いた奴も、確かプロレスラーになりたいって言って、道場まで一緒についていってやったことがあったな。ローマ字のなんとかという……」

「それって、もしかしてＵＷＦじゃないですか？」

「そうそう、そんな感じの名前だったな。運送屋の倉庫みたいな道場だったぞ」

「それ、間違いないです！」

「おおそうか、じゃ、そいつを紹介してやるよ」

おじさんのお陰で、ＵＷＦのテストを受けたことがある荒木さんという方と会った。

荒木さんは、僕よりも背が高く、引き締まったいい体をしていた。

「俺はテストを受けたけど、補欠合格で実際は入門はしていないんだよ。だから、一緒に受けて入門した海老名君を紹介してあげるよ」

「ぜひ、お願いします‼」
僕の運命が、大きく動き出した――。

ＵＷＦ入門への道――地獄のテスト

ＵＷＦの第2回入門テストに補欠合格した荒木さんから、ＵＷＦの元練習生だった海老名さんという方を紹介してもらった。

紹介といっても海老名さんは秋田県在住だったため、連絡先を教えてもらっただけなのだが、確実に未来への扉が開きかけている感覚があった。

僕は早速、公衆電話の受話器をとった。

「話は聞いてるよ。ＵＷＦに入りたいんだって？　自分なんかは練習中の怪我でそんなに長くはいなかったけどね。アドバイスするとすれば待ってちゃダメだよ。とにかく今すぐにでも道場に行くべきだ！」

話を聞いていてハッとした。確かに動かないで、待っているだけでは何もチャンスは生まれない。こうなったらＵＷＦの道場に何度も行くしかない。

僕は電話を切ってすぐに、新聞店がある足立区の北千住駅から電車を乗り継ぎ、成城学園前駅のＵＷＦ道場へ向かった。

道場のシャッターは開いており、選手たちがちゃんこ鍋を囲み食事をしている様子だった。

その時、僕に幸運の女神が微笑んだ。なんと、あの〝関節技の鬼〟藤原喜明選手が、僕に声をかけてくれたのだ。

「おい、そこの坊主！　中に入ってちゃんこでも食べていけ」

信じられない幸運である。僕は憧れの選手たちに囲まれながらちゃんこをご馳走になった。

食べ終わると僕は意を決して、藤原さんに入門したい旨を伝えた。

「わかった。じゃあ今からテストをやってやる。上の服を脱げ」

願ってもない幸運が訪れた。

「今からこのちゃんこ鍋の大根を背中にのせるから、それに耐えたら合格だ。ハッハッハ」

僕はてっきりスクワットなどの体力テストを行なうとばかり思っていたが、とんでもない大間違いだった。

周りにいる選手たちは、また始まったという顔をしている。目の前にはグツグツと煮えているちゃんこ鍋。その中のぶ厚い大根が目に入った。

「えっ？　まさか……」

正直たじろいだが、チャンスを逃すまいと、腹を括《くく》った。

背中を向けた次の瞬間、全身に今まで感じたことのない電流が走った。

「ウッ！」

あまりの熱さに声を失った。

すぐに大根は取り払ってもらったが、大ヤケドを負い、背中の皮が大根の形にペロッと剥《む》けてしまった。

「合格！　来週に入門テストがあるから受けに来い！　わかったか」

合格といっても、入門が認められたわけではなかった。これは入門テストを受けるためのテストだったのだ。ただ、これまで何度履歴書を送ってもダメだったのが、ついに入門テストを受けるところにまでこぎつけたのである。

「ありがとうございます！」

合格という言葉に、僕は天にも昇る気持ちであった。

この根性試しのようなテストは、藤原さんにとっては遊び半分だったのかもしれないが、僕にとっては、一世一代のチャンスだったのだ。プロレスに入るきっかけを与えてもらった藤原さんには本当に感謝している。僕にとっての大恩人である。


それから10日後、ＵＷＦの第３回入門テストの日が訪れた。５月とは思えない真夏のように暑い日であった。

まず初めのテスト種目は短距離走。中学の頃、陸上部だったお陰で、これは良いタイムでクリアした。

続いて行なうのは、500回のヒンズースクワットのタイムを競うものだった。第1回目のテスト合格者である田村潔司選手は、12分というなんとも驚異的な記録を作っていた。僕もそのタイムを目指してスクワットを始めたのだが、途中でアクシデントが起こった。

「オマエ、下まで下ろしてないから、初めからやりなおしだ！」

100回を過ぎたところだっただけに、これはなんとも痛かった。

そして、次が最大の難関である坂道ダッシュ3本だ。

「く…苦しい…」

今にも心臓が口から飛び出しそうであった。

この坂は心臓破りの急坂として、世田谷では有名な場所なのである。スクワットをやった直後だけに脚にも効いていて、テスト生の中には下り坂で転んでいた者もいたほどだった。

反復横跳びや腹筋、ブリッジなどを次々と消化し、最後は腕立て伏せ。回数はなんと〝自分の限界まで行なう〟というものだった。

当然、1回でも多く行なう必要がある。この時点で僕は、立っているのもやっとなほど体力の限界に近づいていた。

腕立てを始めるとすぐに腕が曲がらなくなった。ライバルたちは横で苦しい顔をしながらも、黙々とこなしていた。

「やばい……もう完全に腕が効いてる」

諦めようとしたその瞬間、大きな声が聞こえた。

「頑張れ！　絶対に諦めるなよ‼」

なんとその声の主は、試験官をやっていた船木優治（現・誠勝）選手であった。

UWF入門への道——成就

まさか選手に声をかけてもらえるなんて、夢にも思わなかった。この声援はこれ以上ない大きな力となった。

しかし、ありったけの力での腕立て伏せも、とうとう力尽き、ぶっ倒れてしまった。悔しい思いをしながら周りを見渡してみると、ただ一人黙々と腕立てを続けている男がいた。

「信じられん‼」

後にデビュー戦で闘うことになる冨宅《ふけ》祐輔（現・飛鳥《たかく》）その人であった。

そして、テスト種目はすべて終了となった。合否は後日のはずなのだが、1人のテスト生にマスコミが群がり、バシバシと写真を撮っていた。

「なんでアイツだけなん？」

彼は、シュートボクシングのプロ選手であった。マスコミが注目するのも当たり前である。後にアジアタッグのベルトを一緒に巻くことになる、長井満也だった。

テストが終わり1週間が経った頃、ＵＷＦの事務所から封筒が届いた。僕は合否の結果が怖くて、なかなか封を開けることができなかった。

そこで、封筒を一度、神棚に上げて、心を落ち着かせた。

「これでオレの人生が決まるけん」

恐る恐る中を見てみると、紙に〝合格〟の二文字が書かれてあった。

「やった〜！　やった〜！」

僕は絶叫し、家族と抱き合い、涙を流した。

ここまでの道のりは本当に苦難の連続であった。

レスラーを目指すため高校を中退し、お世話になった東京の新聞店もテストを受けるために辞めた。そうして臨んだ、まさに〝背水の陣〟での大勝負であったのだ。

僕はその勝負に勝った！　ついに夢を手に入れることができたのだ！

僕はすぐに当時九州の大学に通っていた一番の理解者である兄へ報告した。

「よかったな、賢人！　絶対合格すると思っていたよ」

兄は電話口で、僕以上に興奮していた。

テスト合格者は健康診断書を事務所に送り、入寮という運びとなる。これから過酷な練習が待っているのだから、健康診断を受けるのは当然の義務であろう。

血液検査や尿検査などいくつもの検査項目があった。僕はすぐに自宅近くの病院へ行き、検査を行なった。だが、医者から見せてもらった検査結果を見て、ガク然とした。なんと血液検査で引っかかってしまったのだ。

肝臓の数値が、あまりにも高いのである。

「えっ～～嘘だろ！！！　これじゃあＵＷＦに入れん」

僕は天国から地獄に落とされた心境であった。

「何かの間違いだ。他で診てもらおう」

顔面蒼白になりながら別の病院へ行き、再検査を行なった。けれども、結果はすべて同じであった。

「先生、お願いだからここの肝臓の数値を誤魔化して書いて下さい。じゃなければ、僕の人生終わるんです。お願いします！」

当然、医者から返ってきた答えはＮＯであった。

僕は九州にいる兄へ電話をかけ、３時間も泣き続けた。

「もうレスラーにはなれん。この先どうやって生きていけばいいんだ」

16歳の僕は、絶望的な気持ちから立ち直ることができなかった。

「数日経って検査してみたらまた違う結果がでるけん、大丈夫」と母から励まされたが、数日後の検査でも結果は同じであった。

僕はあることを思いついた。

「こうなったらダメもとで、肝臓の検査だけやらないで、事務所に送ってみよう」

もう破れかぶれである。すると数日後、事務所から意外にもあっさりと入寮への案内が来た。僕の〝確信犯的おとぼけ作戦〟がうまくいったのだ。

決して褒められるような行為ではないが、石にかじりついてでも入門したいという僕の執念が天に届いたのだろう。このように入門までの道のりは困難に次ぐ困難であったが、僕はめでたく憧れのＵＷＦへ入門できた。

ちなみに検査でひっかかった肝臓は、その後、特に問題はなく、僕は17年間の現役生活を送ることができたのである。

前田日明のラッパとオカンの布団巻き

もやし――。

これは、僕がＵＷＦ練習生の頃に前田日明選手から付けられていたアダ名である。

幼稚園からずっとカラダが大きかっただけに、いじめられっ子のようなアダ名で呼ばれることなど、それまで無縁であった。まさか「もやし」と呼ばれる日が来るなんて夢にも思わなかった。

しかし、そこはやはりプロの世界。70キロそこそこの体重では、〝もやし〟になってしまうのだ。

選手たちは、1週間ほどで夜逃げしてしまうことが多い練習生を、名前で呼ぶことなどしない。練習生は、まず先輩方に名前で呼んでもらうことがひとつの目標になる。道場を訪れることが少ない前田さんに名前を覚えてもらおうと僕も必死だった。

道場での前田さんは、その大きな体にもかかわらず、スタミナ系のトレーニングをみっちりと行なっていた。縄跳びなども30分以上平気で跳ぶのだ。まるでボクサーのような軽快なステップで跳ぶ姿は、とても120キロもある選手には見えない。

また、カール・ゴッチ式のトランプ練習も好んで行なっていた。トランプといっても、それで遊ぶわけではない。トランプのカードをめくり、スクワットやプッシュアップを行なうのだ。「エースが出ると50回のスクワットをする」「ババが出るとジャンピングスクワット」などのようなルールを作り、54枚すべてのカードをめくり終えるまで続ける。基本的にスクワットは、出た目の倍の回数をこなしていた。

スクワットだけでなくレスラー式の腕立て伏せも交互に行なうため、かなりのスタミナを必要とする。だから、このトレーニングは選手たちがもっとも嫌がるメニューだった。しかし、これを前田さんは涼しい顔で、ひとり黙々とこなしていたのだ。

1989年の夏、僕は初めて前田さんとスパーリングをする機会に恵まれた。ここでのスパーリングとは、キックなどの打撃技はなく、投げ技やタックルといった立ち技から関節を極《き》めるものを指す。

「息ができません！　助けてください！」

僕は、スパーリングの最中に意識が朦朧となりながら、こう叫んでいた。

120キロもある前田さんの全体重が僕を押し潰《つぶ》していたのだ。例えは悪いが、アザラシに乗っかられているような衝撃なのである。それだけではない。ピタリと隙間なく、ガッチリと押さえ込まれるのだから苦しいなんてものじゃなかった。前田さんの決して筋肉質ではないカラダが、まるでお餅のようにペタリと張り付き、僕の鼻や口を塞ぐのである。まさに海で溺れたように窒息しそうであった。

この状態を業界用語では〝ラッパ〟と呼んでいた。押さえ込まれている状態から、息継ぎをしようと暴れると、ラッパを吹くような音が出ることから、そう呼ばれるのだ。

前田さんのラッパ地獄は、30分以上も延々と続くのだった。

多くの練習生がこのラッパ地獄に耐えられず逃げ出す中、僕が我慢できたのは、ある経験が活きていたからだ。それは、垣原家の名物〝布団巻き〟である。女手ひとつで3人の子どもを育てた僕の母親は、悪さをすると決まってこの布団巻きを決行した。

布団巻きとは、掛け布団を頭からすっぽり被せ、ぐるぐる巻きにし、身動きを取れなくしてから上に乗って押さえ込むという〝荒技〟である。中が密封状態になるため、段々と息ができなくなる。まさに〝ラッパ〟と酷似しているのである。ちなみに母親の腕はスタン・ハンセンを彷彿させる太さだっただけに、小学生の僕から見ると脅威であった。

悪ガキ兄弟の僕たちは、しょっちゅうこの布団巻きでお仕置きをされていたのだ。現代では虐待だと騒がれる出来事も、そこは昭和の時代である。ある意味、この布団巻きで鍛えられたおかげで、前田さんのラッパ地獄に耐えることができたのだから、オカンには感謝している。

ただ、もう〝ラッパ〟と〝布団巻き〟だけは、永遠に勘弁してもらいたいが……。

スイカの思い出

若手の頃の失敗談のネタは尽きない。

その中で一番印象に残っているのは、「スイカ事件」だ。

僕は1990年の8月13日にデビュー戦を無事迎えた。試合後、前田日明選手に登山に行こうと声をかけてもらった。

「デビュー戦、頑張ったからご褒美や。一緒に穂高岳に登山に行こうや」

当時、付き人をしていた僕は、もちろんイエスしかない。

正直、登山は全くの初心者であるため何もわからなかったが、経験者の前田さんが懇切丁寧にアドバイスをしてくれて、登山道具まで一式揃えてくれた。

道場ではとても厳しい前田さんであったが、山の話になると子どものような目になる。

スイカ事件のあった穂高岳にて前田日明さんと（右・垣原）

ただ、とても気になることを言った。

「山頂付近の雪にスイカを埋めてなぁ、冷やして食べたら最高やでぇ」

「えっ、雪？」

真夏に雪が残っていることに僕は驚いた。

後で調べてみたのだが、北アルプスの穂高岳は３１９０メートルもある、とても高い山であった。どうりで夏でも山頂には雪が残っているわけだ。

登山初心者である自分が登りきることができるのか、一気に不安になった。それに拍車をかけるように、持っていく荷物が多かった。当然、山で宿泊するのだからテントから寝袋まで必要であり、しかも付き人だから自分の荷物以外も何でも持たなければならないのだった。

そして何と極めつけは、まるまる一個のスイカである。雪にスイカを埋めると言ったのは、本気だったのだ。スーパーから車まで運ぶだけでも結構大変なのに……。

大きな不安を抱えつつ、当日を迎えた。その日はとても良い天気で、絶好の登山日和であった。道場に缶詰だった日々から解放され、大自然の美味しい空気を吸い、僕は一気にテンションがマックスになった。「登山、サイコー！」

順調に山を登っていたのだが、山の天気は変わりやすく、突然雷雨に襲われた。

「おう、そこの山小屋までダッシュや」

バケツをひっくり返したような雨に、一同たまらず近くにあった山小屋までダッシュした。

その時、〝コンッ〟と何かをぶつけた音が耳に入った。

「まさか……」

悪い予感が頭をよぎった。

恐る恐る見てみると、何とスイカに亀裂が入っていた。

「やばい……」

山頂でスイカを食べるのを楽しみにしている前田さんに、僕はこのことを伝えることができなかった。

「どうしよう……」

心臓はバクバク鳴り、口から飛び出しそうであった。

「どうや！　この景色最高やろ！！！」

登山途中、前田さんが何度も優しく声をかけてくれるのだが、僕は上の空であった。頭の中は亀裂の入ったスイカの事でいっぱいだった。

結局、報告することができないまま山頂付近まで到着してしまった。

テントを張り終わったところで、雪にスイカを埋めて冷やそうという話になった。僕はいよいよ観念して、そのスイカを差し出した。

怖れていたとおりになった。

「バチーン！　バチーン！」

空気の薄い山頂での、格闘王の愛のムチはカラダにこたえた。

夜空を見上げると、手に届きそうな満天の星空が広がっているのに、僕には滲《にじ》んでよく見えなかった。

あれからスイカを食べると、ときどきこの初登山のことを思い出す。

UWF解散

今でもあの頃の夢でうなされる。

「解散」

この言葉の意味を、僕は理解することはできなかった。

1990年12月、人気絶頂の新生UWFが突然分裂となった。当時18歳の僕にとって、UWFは人生のすべてであった。

毎日ぼろ雑巾のようになりながらも、苦しい練習に耐え続けた。そしてやっとスポットライトの当たるリングに上がることができてから、わずか4戦目の出来事であった。

その原因は選手側とフロント側との信頼関係の破綻だ。会場はいつも満員御礼でありながら、まさか内部分裂してしまうとは夢にも思わなかった。でも、この時はまだ、選手たちが一枚岩ならば、もう一度UWFができると信じていた。

最終興行となった長野大会では、謹慎中の前田日明選手もリングに上がり、選手全員でバンザイをして一致団結をファンにアピールした。

それから年が明けた1991年に事件は起きた。

選手全員が集まったその会議の席で、「解散」の言葉が飛び出したのである。ついに選手内でも亀裂が生じてしまったのだ。

「この先、一体どうなってしまうのか……」

選手たちがバラバラになるのを覚悟しなければならなかった。

心のよりどころは兄弟子の船木誠勝選手であった。道場がなくなってからもスポーツジムに誘ってくれ、練習だけは続けることができた。僕は入門してから船木さんの影響を誰よりも受けていた。本当に業界のいろはを叩き込んでくれた先輩だった。

それからしばらくして、今後の選択をしなければいけない時がやってきた。

「垣原、オレは藤原（喜明）さんと一緒に（ＳＷＳへ）行く、おまえはどうする？」

船木さんの言葉に、僕は正直迷っていた。

ＵＷＦへの未練だ。

「誰とも相談しないで、自分だけで考えて、みんなが集まる席で答えを聞かせてくれ」

同期である冨宅祐輔選手は、その場を待たずして船木さんと共に行動すると明言していた。苦しい練習生時代を共に頑張っていた冨宅選手の選択で、より一層心が揺らいだ。

僕は悩みに悩んだ数日間を過ごした。

ついに結論を出すその日がやってきた。ＵＷＦの合宿所の中にある僕の部屋に数人の選手たちが集まり、そこでひとりずつ進路を伝えた。

ついに僕の番がやってきた。心臓がバクバクと大きな鼓動を立てていた。

「僕は……あの……」

船木さんと別れる選択をしてしまったのだ。

そして別々に歩む者同士が肩を抱き合い、別れの挨拶をした。

僕は船木さんに抱きつきながらおいおい泣いた。子どものように泣きじゃくった。あの船木さんも泣いていた。あんな姿は今まで一度だって見たことがなかった。

「今までホントにありがとうございました……」

僕は一生分の涙を使い果たすほど泣いた。別れがこれほどまで辛いものだと初めて知った。ずいぶんと時が経った今、振り返ってみても僕の選択が正しかったのかはわからない。ただ、この人生最大の別れで、人として成長できたと信じている。

福笑い事件

１９９０年、ＵＷＦ解散。

僕は苦渋の決断で、船木誠勝選手と袂《たもと》を分かつこととなった。

それから数年経ったある日の夜、Ｕインターの寮に高田延彦選手から電話がかかってきた。

「カッキー、おまえを待っている男がいるから今すぐ六本木の店に来てくれ」

僕は慌ててタクシーを拾い、六本木の指定されたお店へと向かった。

そこには、ほろ酔い加減の船木さんの姿があった。

「垣原、久しぶり〜待ってたよ」

満面の笑顔だった。僕も思わぬ再会に笑顔がこぼれた。

お酒の席ということもあってリラックスした時間が過ぎていった。だんだんと船木さんも酔いがまわってきたようだ。

「垣原！　Ｕインターでも頑張れよ！」

そう言うや否や、船木さんから強烈な張り手が飛んできた。これは酔っ払っているレスラー間の愛情表現のようなもので、珍しいことではない。

「バコーン‼」

それが今度は、ハンマーで殴られたような強い衝撃に変わった。なんと張り手からパンチにチェンジしていたのだ。それがまともに鼻っ柱に入った。僕もかなり酔っ払っていたので、全く痛みなど感じなかったのだが、ポタポタと鼻血が止まらなかった。

気にしないで飲んでいたら、同席していた歯医者の後藤先生が、何やら真っ青な顔をしている。

「垣ちゃん、やばいよ～それ」

その先生のたいそうな驚きようで、僕は顔の異変に気づいた。慌ててトイレの鏡の前に立ち、自分の顔を見た。

「えっ～～‼」

僕は絶句した。なんと福笑いのような顔が鏡に映し出されていたのだ。パンチによって、鼻が頬の上あたりまでスライドしている。横から顔を見るとまっ平で、鼻がないのである。

「やばい……こんな顔、人間の顔じゃないよ」

真ん中にあるはずの鼻がないなんて、こんな衝撃映像はない。一瞬にして酔いが醒めてしまった僕に、その歯医者の先生は、今すぐ病院に行くことを勧めた。しかし僕は、その言葉を振り切り、船木さんと朝まで飲むことを選んでしまった。なぜかその場から離れたくはなかったのだ。

顔面が崩壊しているのに、どうしてそのような行動をとったのだろうか。今思うと不思議だが、あの時はそれほどまでに船木さんといる時間を大切にしたかったのだろう。きっと別れてしまった船木さんへの未練を引きずっていたのだ。

翌日、僕はパンパンに腫れ上がった顔で病院に行き、鼻を矯正してもらったのだった。

尾崎豊がいなかったら……

4月25日は、〝伝説のミュージシャン〟尾崎豊の命日だ。僕にとって、この日は特別な日である。

1988年、僕はプロレスラーになるため、高校を辞める決意をした。いざ学校を辞めてはみたものの、簡単には自分の夢が実現するほど、世の中甘くはなかった。僕は故郷の愛媛で、来る日も来る日も練習に明け暮れ、入門のチャンスを待ったが、そのチャンスすら訪れる気配はない。

心細くなり苦悩していたところ、兄が僕に1本のカセットテープを贈ってくれた。そこには尾崎豊という聞いたこともない歌手の名前が書かれてあった。

少しずつ色んな意味が解りかけてるけど　決して授業で教わったことなんかじゃない
口うるさい大人達のルーズな生活に縛られても　素敵な夢を忘れやしないよ

――『十七歳の地図』より

まるで僕への応援歌ではないかというぐらい歌詞のひとつひとつが心に響いてくるのだった。『15の夜』や『十七歳の地図』、『卒業』など自分と同世代のことを唄った曲が、どれだけ僕の心を救ってくれたかわからない。

東京へ上京することになった時も、ウォークマンとこのカセットテープだけはカバンにしのばせた。UWFへ入門してからも毎日、合宿所から道場までの往復の時間に、この尾崎豊のテープを擦り切れるぐらい聴いた。この時間だけが、練習生の僕にとって唯一の至福の時間であったのだ。

そんなある日、UWFに入る時からお世話になっている徳島のUWF後援会長である福田典彦氏から連絡があった。今、東京に来ているという。

「カッキーが喜ぶ人と一緒に飯食うから、銀座に出てきてや」

僕が喜ぶ人とは、一体誰なのだろうか？　指定されたお店に行くと、福田さんと年配のオジサンが座っていた。そのオジサンは……なんと尾崎豊の事務所の社長であったのだ。

「本人と会いたいならいつでも会わせてあげるよ」

「ほ、本当ですか。でも、僕はまだまだそんな身分ではないですから……。デビューして活躍するようになったら、ぜひお願いします」

自分が、この世界に入ることができたのは間違いなく尾崎豊の存在があったから。

「いつか会ってお礼を言いたい。その日のためにも、もっと頑張らなくては……」

90年11月。音楽活動を休止していた尾崎豊が、アルバム『誕生（BIRTH）』を引っさげて、久しぶりに音楽シーンに帰ってきた。

僕はその年の8月、横浜アリーナの大会で待望のデビューを果たしていた。カセットテープでしか聴いたことがなかった尾崎豊の曲を、これから生で聴くこともできると思うと、言いようのないうれしさが込み上げてきた。

そして91年5月20日に、横浜アリーナにて尾崎豊の復活コンサートが行なわれることが決まった。

「横浜アリーナかぁ……オレがデビュー戦をした場所で復活コンサートの初日なんて、何か縁があるに違いない」

しかし、5月10日に行なわれたUインターの旗揚げ戦（田村潔司選手とのシングルマッチ）で、僕は試合中に足を骨折してしまった。絶対安静のため、コンサートへは行けなくなったのだ。

黒ハチマキで登場し、故・尾崎豊に捧げたマーク・シルバー戦

「旗揚げ戦で骨折してしまい、しかも待ちに待った尾崎のコンサートにまでも行けないなんて、僕はどこまでツイてないんだ」

その翌年、また同じ5月に横浜アリーナでのコンサートが決まった。僕は、今度こそとコンサートチケットを握り締め、待ちきれない気持ちを必死に抑えていた。

コンサートまであと数日と迫った4月26日のことである。出先からUインターの合宿所に戻ると、田村選手から衝撃の言葉を聞いた。

「垣原、大変だ!! 昨日、尾

崎豊が死んだって。たった今ニュースで流れてたよ」

「えっ!?」

僕は頭の中が真っ白になった。それからのことは正直あまり覚えてはいない。

数日間は放心状態であった。心の支えだった尾崎を失ったことは、僕にとって想像以上にこたえた。しかし、悲しむだけではいけない。同じ表現者でもあるのだから、自分に何ができるか考えるよう一生懸命に努めてみた。

2週間後の5月8日、奇しくもコンサートに行くはずだった横浜アリーナで、Uインターの興行がある。僕は追悼の気持ちを込めて、試合の入場曲に尾崎豊の曲を使用させてもらった。そして黒のハチマキを巻いてリングに上がり、天に向かって感謝の思いを伝えた。

「尾崎豊がいなかったら、プロレスラー垣原賢人は、間違いなく誕生していなかったと断言できます」

NHKの追悼番組に出演し、僕はこう語らせてもらった。

それからも大事な試合では尾崎豊のアルバム『BIRTH』の中の『レガリテート』という曲で入場するようになった。

亡くなってから23年が経つが、今も宇多田ヒカルや中村あゆみなど、たくさんのアーティストが尾崎豊のカバー曲を唄い、決して色あせてはいない。そんな風化することのない尾崎豊を、僕は今もまだ「卒業」できないでいる。

理想と現実の狭間で

「この藤本さんの文章は、胸に突き刺さるね」

2011年11月、1日限定の復帰戦となった『U-SPIRITS』の大会用パンフレットに僕は釘付けとなった。

フリーライター藤本かずまさ氏の文章が、当時のUインターをうまく描写していたからだ。

「Uインターは、プロレスリングとMMA（総合格闘技）の狭間でもがき続けた団体であった」

彼は冒頭で、Uをこう定義した。これをさらに噛み砕き、こう表現している。

「それは興行論と勝負論、もしくは現実と理想の狭間という言葉に置き換えてもいいだろう」

スポンサーのいなかったUインターは、観客にそっぽを向かれたら終わりであった。それゆえに僕を含めた若手選手たちは、自分たちの理想の戦いを胸の奥にしまっておくしかなかった。

その頃の若手には、田村潔司、金原弘光、髙山善廣、桜庭和志たちがいた。この時、どれだけ〝理想〟の戦いを欲していたのかは、後の彼らの活躍を見れば一目瞭然である。

PRIDEのリングでグレイシーハンターとして名を上げた桜庭選手。〝ケンカ番長〟ドン・フライ選手と壮絶なる殴り合いを演じた髙山選手。ヴァンダレイ・シウバ選手やミルコ・

クロコップ選手などの強豪外国人選手と戦い、格闘技ファンを熱狂させた田村選手と金原選手。MMAという言葉がまだなかった1990年代。プロレス村の住人の僕たちにとって、喉から手が出るほど欲しかったのが、〝完全実力主義〟だったのである。

若手の中で一番のキャリアを誇る田村さんと僕が、ついにその〝禁断の果実〟に手を出した。それが、95年2月に行なわれたUインターのNKホール大会である。

当時、僕と田村さんは、パンクラスに大きな刺激を受けていた。パンクラスは、リング上で〝完全実力主義〟を謳い、一切妥協のない試合をしていたからだ。〝秒殺〟という造語が作られ、紙面を飾ったのは、ちょうどこの頃である。

パンクラスを立ち上げた船木誠勝、鈴木みのる、冨宅祐輔とは、かつて新生UWFで同じ理想に燃え汗を流した同志でもあった。それだけに、当時語り合った理想を彼らが形にしていることに焦りが生じたのである。

我慢できなくなった僕と田村さんは、ついに〝実験〟に踏み切ることを決意した。その実験とは、〝魅せることができる真剣勝負〟の試合だ。目指すは、勝負論に徹しながら観客を魅了する試合である。

一枚岩を誇っていたUインターで、自分勝手な思想をリングに持ち込むことがいかに危険なことかは、分裂を繰り返すマット史を見ていればよくわかっていた。

悩まなかったと言えば嘘になる。しかし、20代前半の僕たちが、いくら考えても解決の出口

UWFインターナショナル設立記念激励パーティーにて

Uインターの旗揚げ第1戦となった田村戦

は、〝それ〟しか見えなかった。若気の至りと言えばそれまでだが、当時の僕たちはもう自分を抑えることはできなかったのである。

95年2月18日。この日、僕は理想の闘いを手に入れるべくリングへと上がった。

もう後戻りはできない。大きな覚悟を胸にゴングの音色を聞いたのだった。

「うっ‼」

開始早々、僕のミドルキックが田村さんのわき腹をえぐった。

勝つために放った渾身の蹴りは、想像以上にクリーンヒットしたのだった。その後、間髪入れずに掌底《しょうてい》を顔に叩き込み、袈裟《けさ》固めの体勢まで持ち込んだ。

田村さんの顔を見ると口から鮮血をにじませていた。完全なる必勝パターンに入ったことに、僕は自分を見失うほど興奮していた。

しかし、ここで僕は一呼吸置いてしまった。

「……果たして本当に勝っても良いのだろうか？……」

突然、言いようのない不安な気持ちが僕を支配した。

次の瞬間、蘇生した田村さんはスルスルと僕のバックに回り、あっという間に形勢逆転した。

「えっ？」

気が付くと僕の首に田村さんの太い腕が巻きついていた。

「垣原さん、垣原さん‼」

まぶしい照明と後輩の金原選手たちの顔が目に飛び込んできた。

しばらくして僕は、田村さんに絞め落とされたことを知った。試合タイムは「2分6秒」。まさに秒殺されてしまったのである。

詰めの甘かった自分への後悔の念が、まるで津波のようにどっと押し寄せてきた。それと同時に新しい扉をこじ開けたという充実感もあったのかもしれない。

僕は人目もはばからずリング上で泣きじゃくってしまった。

この試合を思い出すと、今でも胸の辺りがヒリヒリと苦しくなる。

パンフレットの藤本氏の言葉には、僕をあの頃へと連れ戻す魔力がある。

芸人になった夜逃げ練習生

「うわぁ〜、生きてたかい‼」

2011年のある日のことだ。16年ぶりに再会したUインター時代の元練習生に、僕は興奮を抑えられなかった。一度、練習中に練習生の腕を折ってしまったことがあった。その彼だったからである。

それは1996年頃だったと記憶している。当時所属していたUインターの道場で合同練習を行なっていた。

Uインターの合同練習は、それぞれの選手が自分のやりたいトレーニングをする。いわば自主練習なのである。ある選手は、タイ人の元ムエタイ選手に打撃を教わっていたり、またある選手は、トレーナーにパワークリーンを教わっていたりと人それぞれなのだ。ただ、道場内は、ライバルたちが同じ空間で練習していることにより、見えない殺気が充満している。それだけに、練習が時として歯止めのきかない場合もある。

その日、僕は後輩をつかまえて関節技のスパーリングを行なっていた。関節技のダブルリストロックの体勢に入ったのだが、相手がタップ（参ったの意思表示）をしなかった。そこで僕は、更に絞ったのである。

このひと絞りがいけなかった。

「パキッ！」

次の瞬間、束ねた割り箸を割ったような乾いた音が、道場中に響き渡ったのである。

「わあっ！　やっちゃった、やっちゃった」

なんと彼の上腕は、真ん中から不自然にだらりと折れ曲がり、誰の目にも折れているのがわかった。

しかし後輩は、キョトンとした顔で、痛がるそぶりを見せないでいた。

「大丈夫か？　ホントに大丈夫か？」

相手の不思議な反応にどうしてよいのか、僕の方がパニックになっていた。

その後、すぐに病院に連れて行き、医者からは手術することを告げられた。

「取り返しのつかないことをやってしまった」

僕は、自分の未熟さに罪悪感でいっぱいだった。会社からは「練習中の出来事だから」と責められなかったことも、かえって自己嫌悪を増幅させた。

数日間は、腕を折った感触が生々しく残っていて、それが頭から離れなかった。外食していても骨つき肉が出てくると気持ち悪くなり、しばらくは食べられなかった。

入院した後輩はほどなく退院してきたが、そこでまた事件が起きた。後輩のその腕がとんでもないことになっていたのだ。

「なんか手が変な方向に向いてない?」

手を下ろした状態だと普通は手の甲が見えるところが、彼の場合は、逆に手のひらが見えてしまっていた。

「腕が逆についてるよ」

これには僕を含め、道場の選手たちもわが目を疑った。なんと、骨をつなげる手術を失敗したようなのだ。嘘のようなホントの話である。

そして彼は、もう一度手術することになり、腕は元通りに戻った。だが、後輩には辛い思いを二度もさせてしまったうえに、悲運の男は、それからしばらくして夜逃げしていなくなってしまった。

僕はその後、彼がどうなったか、ずっと心配していた。僕は、自分のせいで彼を辞めさせてしまったと、この出来事をずっと引きずっていたのだ。

だが、彼と再会して、そうではないと知らされた。

「もし（腕が）折れてなかったら、間違いなくもっと早くに逃げていました」

Uインターを辞めた原因は、怪我ではなかったようだ。

「実は逃げる準備をしていた時から、お笑いの道に進もうと決めていました」

なんと彼はプロレスを辞めた後、お笑い芸人になっていたのである。『キャプテン渡辺』という芸名で、『R-1ぐらんぷり』では決勝大会まで残ったという。

『R-1ぐらんぷり』とは、ピン芸人の登竜門的な大会で、若手芸人にとって『M-1グランプリ』（THE MANZAI）、『キングオブコント』と並ぶ3大メジャーのひとつだ。人気のこの大会には、有名無名問わず３５００人もの芸人がエントリーするという。

なだぎ武や友近、鳥居みゆきなどもこの大会の常連であったし、スリムクラブの真栄田《まえだ》賢やCOWCOWの山田與志《よし》と一緒に決勝の舞台に立ったのだから、彼の実力は本物である。

「若手といっても僕は芸歴14年にもなりますが……」

36歳（当時）になった渡辺は、照れくさそうに笑った。プロレスの練習にはついて行けずに辞めてしまったものの、14年もの間、お笑いの下積み生活を続けていることに僕は感心した。

「いえいえ、そんなに偉いものではありませんよ。根詰めてやらず、ヘラヘラやっているのが、お笑いを続けていくコツかもしれません」

真面目すぎると、芸能の世界ではすぐに行き詰ってしまうようだ。だからといって、いい加減にやっていては、どの世界であろうとダメだろう。

「例えば、100キロを1回で運ばなくてはいけないのがプロレスの練習生とすれば、1キロを100回運ぶのが、お笑いの下積みなんです」

彼は、プロレスの練習生とお笑い芸人の大変さをうまく表現してくれた。トータルで考えると、どちらも同じ苦しみということか。

しかし、「楽しい日は1日もない」という彼が、プロレスは辞めたのに、どうして芸人を続けられるのか不思議であった。話を聞いていくと、その理由が見えてきた。

実は彼と同じ事務所に、小梅太夫という、かつて一世を風靡した芸人がいる。

「先輩に対して正直失礼ですが、この世界は誰にでもビッグチャンスがあるのかなと」

つまりブレイクするのは、実力よりも運が大きく左右する世界だと考えているようなのだ。三度の飯よりギャンブル好きの彼は、人生そのものもギャンブルに見立てているのかもしれない。

『R-1ぐらんぷり』の決勝に進出したことで、確かにリーチはかかった。そのお陰で、テレビ埼玉でのレギュラー番組や競馬雑誌でコラムの連載を持てたのだという。

だが、まだまだお笑い一本では食べていけないのが現状だ。

「よしもと所属で、僕と同じダメ芸人の〝井上マー〟というのがいるのですが、こいつが言った言葉にハッとさせられたことがあります」

渡辺は、はじめて神妙な顔つきをした。

「『俺たち、売れたい売れたいと言うけれど本当は売れたくないんだ』という彼の言葉が核心をついている気がしました」

売れてしまうと今ある自由がなくなり、忙しく働かなくてはならない。売れない期間が長いと、本能的にそれを拒否してしまっているという。

つまり、ぬるま湯から出られなくなるのだ。まさに〝売れない芸人症候群〟である。本人もこの病に冒されていないか心配している。だが、心配することはない。他の芸人とは違い、渡辺はUWFの究極の下積みを経験しているのだ。

それに手術で腕を反対につけられた時点で、ある意味、神に選ばれし芸人である。今にして思えば、こんなカラダを張った笑いを提供した男など他にいないだろう。

弓は引けば引くほど遠くに飛ぶように、この長い下積みで、きっと彼は大きな力を蓄えているに違いない。いつの日か必ず〝フィーバー〟した姿を見られると信じている。

Uインター魂で頑張れ、キャプテン渡辺‼

十七歳の地図

「このオーディションを受けてみたい」

２０１３年のある日、ちょうど17歳になる娘が、こんな話を僕にしてきた。

それは、今、流行りのＡＫＢ48のような類のアイドルオーディションだった。あまり表に出るのを好まない娘の心境の変化に、父親として少々面食らった。大学受験が控える大事な時期に入るだけに心配でもあった。

普通の親なら、ここで〝ノー〟を突きつけるだろう。だが、僕は自分が娘の年齢だった頃を振り返ると頭ごなしに否定などできなかった。

17歳になったばかりの僕は、大きな希望を胸に愛媛から上京し、ＵＷＦの合宿所へ入寮した。

「ここからがスタートだ！」

ＵＷＦの第一歩をついに踏み出すことに、胸の高鳴りが止まらなかった。

道場では、同期となる長井満也さん、冨宅祐輔さんの姿もあり、挨拶を交わした。２人とも僕より４学年も年上だったこともあり、体はしっかりとできあがっていた。

実は、この他にも２人の入門者がいたが、すぐに夜逃げしていなくなってしまった。同じ部屋で一緒に寝ていたはずなのだが、朝起きたら荷物ごとなくなっていたのだ。当時、若者に爆発的に人気のあったＵＷＦへの入門者は絶えなかったが、いざ入門すると、１週間と続く者はいなく、後輩ができないのが辛かった。

結局、残った新人は僕たち３人だけとなった。それだけに僕たち３人は、同期生というよりも戦友といった方がしっくりくる。

厳密にはＵＷＦでデビューできたのは、冨宅さんと僕だけだった。シュートボクシングのプロ選手から鳴り物入りで入門した長井さんは、練習中のスパーリングで首の骨を折る重傷を負い、リタイアしたままＵＷＦは解散となってしまったのである。

３人の中で、実績だけでなく１８６センチ、90キロと体格でも勝っていた長井さんが、大怪我をするなどとは思いも寄らなかった。冨宅さんと飯田橋にある病院へお見舞いに行くと、そこでは信じられない光景を目の当たりにすることとなった。

「もう、こんなカラダになってしまっては、戻るのは無理だよ……」

そうつぶやいた長井さんの姿に、僕らは言葉が出なかった。

なんと頭蓋骨に穴を開けてビスで留め、滑車に重りをつけて首を引っ張った状態で、彼はベッドに横たわっていた。

もちろん首は動かせないため、手鏡で僕たちと目を合わせながら会話したのだった。目を覆いたくなるような様子に、僕たちは言いようのない恐怖感に襲われた。その痛々しい姿は、決して他人事などとは思えなかったからだ。

「明日は我が身だ」
帰りの電車で冨宅さんと落ち込みながら、こんな話をしたのを、今もはっきりと覚えている。同部屋で兄貴のような存在だった長井さんの長期入院は、僕の心に暗い影を落とした。ちなみに、僕たちが入る前の2期生は2人いたが、ひとりは練習中の事故で亡くなり、もうひとりは脳挫傷で運動のできない体となり、辞めていった。UWFで生き残るのは、大袈裟ではなく、文字どおりの命懸けだったのである。

そんな過酷な状況をくぐり抜け、横浜アリーナという大舞台で僕がデビューできたのは、奇跡としか言いようがない。すべての団体を含めて、こんな大会場でデビューできた無名の新人は皆無に等しいだろう。あの地獄のような日々を耐え抜いたご褒美にも思え、身に余る待遇を心から光栄に思った。

僕たちのデビューの日に、いみじくも退院した長井さんは、その足で会場に向かい、客席から僕たちの試合を見たという。このことは、ずっと後になって雑誌で知ることになった。当時は自分のことで精一杯で、大切な同期の思いにまで目を向ける余裕がなかったのだ。

今考えると、自分が同じ立場であったなら、どんなに悔しかったか……。想像するだけでもつらい。しかも大物ルーキーだった彼は、憧れのUWFのマットに一度も上がれなかったのだから、ケガをどれほど恨んだことだろう。

そんな長井さんが、20数年の時を経て、念願のUの名のつくリングに上がった。13年3月の

『U-SPIRITS again』(後楽園ホール)である。

驚いたことに当日の彼はUWFのジャージを着ていた。あれから20年あまりの長い年月、捨てずにしっかり持っていたことに彼のUへの想いが痛いほど伝わってきた。僕は、同期対決である『長井VS冨宅戦』のレフェリーを担当したのだが、何とも言えないノスタルジックな気分に包まれていた。

2人の闘いは、試合というより、道場でのスパーリングそのものだった。あの世田谷にあったUWFの道場にタイムスリップしたような不思議な感覚に襲われた。

観客は、水を打ったように静かに二人の攻防を見入っていた。これもまた新生UWFの光景だった。

プロレスと総合格闘技の橋渡しをした革命的団体であるUWF。地味なグラウンドの攻防をファンが全く理解できなかった時代、Uは〝本物の闘い〟をプロレス界へ投げかけたのだ。

試合後、控室で長井さんは、冨宅さんと僕にこんな提案をした。

「この3人で、いつかシックスメンタッグを組んで試合をやろうよ。これが夢だな」

彼のUへの想いを聞いていているうち、僕の中に眠っていたUスピリッツも騒ぎ出した。

UWFとUインター、思想の違い

2008年、大晦日の格闘技イベント『Dynamite!!』で実現した「田村VS桜庭」であるが、試合前は不穏な空気が流れていた。

「グローブなしの時間無制限でやりましょう」

事の発端は記者会見での桜庭和志選手のこの発言だ。グローブなしということは素手である。素手で顔面を殴り合うなんて、大晦日のTVで放送できるわけがない。

一体2人には何があったのだろうか？

「Uインターの頃は先輩後輩の仲だったのに……」

僕はUインターの最初と最後に両者と戦っている。1991年5月の旗揚げ戦は田村潔司選手と、96年12月の最終戦では桜庭選手と戦っているのだ。

僕はUインター旗揚げから最終戦まで所属した数少ない一人である（高田延彦、安生洋二と僕の3人のみ）。

Uインターの歴史をすべて見てきたと自負する僕でさえも、あの発言に思い当たる出来事は見つからなかった。

これはもはや両者の思想の違いからきているのではないだろうか？　この謎を紐解くには、

両者がデビューした団体まで遡《さかのぼ》る必要があるだろう。選手は練習生時代にこそ、その団体のスピリットや思想を大きく刷り込まれるからである。

田村さんがデビューしたのはＵＷＦであり、桜庭がデビューしたのはＵＷＦインターナショナル（Ｕインター）である。注目すべきは、両者がデビューした団体が元々は同じＵＷＦ系ではあるが、スタイルの方向性が大きく違ったことである。

この２つの団体の思想はいかなるものであったのか？

今から30年ほど前の日本マット界は、ジャイアント馬場の全日本プロレスとアントニオ猪木の新日本プロレスしか存在していなかった。しかし、88年5月に新日から飛び出した前田日明さんがＵＷＦを誕生させた。

ＵＷＦトップの前田日明は、プロレスの持つ矛盾点を正し、スポーツとしての格闘技団体を目指した。まず独自ルールを設け、プロレスと差別化を計る。決定的な違いは3カウントなし、相手をロープに振らない、試合は月に一度などである。

ＵＷＦの道場には「格闘ＵＷＦ」の文字が象徴的に飾られていた。ＵＷＦの道場内にはプロレスの文字は一切なかった。前田さんがプロレスという言葉を嫌っていた証拠である。純粋な戦いのみを追求し、格闘技としてのＵＷＦを確立しようとしていたのだ。

例えるならば、ＵＷＦはプロレス村から格闘技村へと引っ越し最中の団体だったのではないだろうか。田村さんはそんなプロレスから格闘技への移行期のＵＷＦで、既存のプロレスを経験せずデビューした記念すべき第一号選手なのである。

僕は田村さんのデビュー後すぐにUWFに入門した。同期生が3人もいた僕とは違い、田村さんは練習生時代ひとりぼっちだった。そのため、より強く前田イズムを刷り込まれていたことは間違いない。

前田イズムとはズバリ〝反プロレス〟である。前田さんはプロレスから脱却し、本気で日本に総合格闘技という新たなジャンルを根付かせようと考えていたのだ。

UWF解散後、リングスで世界各国にネットワークを作り、格闘技の強豪選手を探し回った。PRIDEなどで活躍したエメリヤーエンコ・ヒョードルやアントニオ・ホドリゴ・ノゲイラなども、リングス時代に前田さんが発掘したのだ。このことからも前田さんが、総合格闘技の土台を作ったことがよくわかる。

では桜庭がデビューしたUインターとは、いかなる思想を持った団体だったのか？

注目すべきは、宮戸優光選手の存在だ。トップは高田延彦選手であったが、実際には宮戸さんがUインターの頭脳であり、鍵を握っていた。

宮戸さんはかつての猪木さんのように〝最強〟を団体の謳い文句に、強者を次々とプロレスのリングに引き込み、高田さんと対決させた。猪木さんがモハメッド・アリと異種格闘技戦をやったように、高田さんも元世界チャンピオンであるプロボクサーのトレバー・バービックと戦ったのだ。

タイトルマッチのたびに立会人として、〝鉄人〟ルー・テーズ氏、〝人間風車〟ビル・ロビンソン氏、〝鳥人〟ダニー・ホッジ氏など往年の名レスラーを招聘し、試合の権威を高めたのだった。

ここまでは、新日本の真似事だと揶揄《やゆ》されてもいた。しかし、宮戸さんは『一億円トーナメント』という突拍子もない企画を打ち出したのだった。新日本プロレスや全日本プロレス、リングス、パンクラスなどから当時のトップ選手を集め、トーナメントを行ない、優勝者にはなんと一億円を出すというものだった。

一億円という額はマット界では異例中の異例である。記者会見では現金一億円を並べ、話題を呼んだ。そして名指ししたメンバーがまた凄かった。

前田日明、橋本真也、三沢光晴、船木誠勝。

まるでマンガかゲームの世界である。プロレス史上ここまでの夢のような企画はかつてなかった。しかし事前交渉なしのガチンコ発表に、各団体は難色を示し、結局、他団体からの参加者は誰一人いないという最悪の結末を迎えてしまったのだった。

「せめて一人ぐらいは……」

さすがの宮戸さんも弱音を吐いていた。当時、宮戸さんに聞いてみたことがある。

「もし他の団体の選手が優勝したらどうなるんですか？　本当に一億円を渡すのですか？」

「当たり前だよ。そしたら当然会社は潰れるけどな。でも大丈夫、安生さんや高田さんがいるから優勝など絶対させせないよ」

一億円はフェイクではなく本当だったのだ。業界にありがちな、パフォーマンスだけのものではなかったのである。

しかし一億円トーナメントはファンやマスコミからも反感を買い、大失敗に終わった。確かに手順など、もう少しやり方はあったかもしれないが、「一億円」という夢のような企画を、もっと業界全体で盛り上げても良かったのではないだろうかと今更ながら思う。

宮戸さんのUインターは、一億円トーナメント以外でも、とにかくプロレス界へ大きな爆弾を落とし続けたのだった。そして、Uインターマットに上がる選手もUWFとは大きく変わり、従来のプロレスに在籍した選手が多くなった。シングルマッチしかなかったUWFと違いダブルバウト（タッグマッチ）を導入し、Uインターはプロレス色を強めていった。

そんな環境にいた桜庭選手は当然、宮戸イズムを刷り込まれていたのである。総合格闘技の試合であっても観客を意識し、ファンタジックな試合でファンを楽しませるところからもUインターイズムが受け継がれているのがわかる。

前田イズムと宮戸イズム。

それぞれの思想を新弟子の頃に刷り込まれた二人だからこそ、水と油なのかもしれない。田村VS桜庭戦は、大げさに言えばUWFとUインターのイデオロギー抗争とも思えなくもなかった。もっと言えば前田VS宮戸の代理戦争だったのではないか。

君はキングダムを覚えているか

わずか半年で潰れてしまったプロレス団体がある。

その名はキングダム。

熱心なプロレスファンであっても、遠い記憶の彼方にあるのではないだろうか。

惜しまれながら幕を閉じたUWFインターナショナルの後、同じメンバーで立ち上げた団体だ。

主要メンバーは安生洋二、髙山善廣、桜庭和志、金原弘光、山本喧一《けんいち》など、今考えるととても豪華な顔ぶれであった。

キングダムは、プロレス団体ではいち早くオープンフィンガーグローブを採用し、試合で使用した。

「同じメンバーで旗揚げするには、何か新しいことにトライしなきゃダメだ」

そう言って、安生さんがオープンフィンガーグローブを持ち出した。

「えっ⁉」

僕は絶句した。

なぜなら、僕は素手で攻撃する「掌底」を得意としていたからである。それに指先までもが大事な表現手段だと考えていたので、このグローブ着用をよしと思えなかった。

しかし、そんな悩みなど吹き飛ばすほどの朗報が入った。オリンピックにも出場したあのレスリングの安達巧（現・日本文理大レスリング部監督）が、レスリングのコーチ兼レフェリーとして、入団することが決まったのである。僕はレスラーとしてタックルの技術が不足していたことを気にしていただけに、願ったり叶ったりだった。

Uインター時代、あの忘れもしない東京ドームの舞台で、長州力選手にタックルを仕掛けるも失敗に終わったのは苦い思い出として、ずっと引きずっていた。

「レスラーとして、せめてタックルは身につけないと恥ずかしい」

僕はキングダムへの参加を決断したのであった。

練習場所は東麻布のビル一棟という、恵まれた環境だった。地下はウエイトトレーニング専用スペース、1階が事務所、2階がレスリングマットを敷き詰めたレスリング専用スペース、3階はリング、そして、サンドバックを吊るした打撃専用スペースであった。4階は炊事場と治療用ベッドが置いてあり、練習環境としては抜群であった。

安達コーチのレスリング教室には、桜庭選手を筆頭に多くの選手が集った。

「まず、相手のバランスを崩すためには、いなさなきゃダメ」

皆、安達コーチの言葉に真剣に耳を傾けた。言葉だけでなく、実際に安達コーチとスパーリングすると、その技術に舌を巻いた。

体重は僕の半分ほどなのだが、腕を取られ、コロコロとマットに転がされてしまうのだ。相手をいなしてからの腕取りは安達コーチの十八番であり、その技術を惜しげもなく選手たちに伝授してくれた。

「フェイントを使って相手を騙すのさ。レスリングは騙しあいよ。ハハハ」

この言葉を受けて、「ボク、うそつきですから」と桜庭はおどけて見せた。

元中央大学レスリング部主将である桜庭のタックルは、ドンドン研ぎ澄まされていった。僕も負けじと片足タックルを何百回も打ち込みし、自分のものにしようと必死だった。後輩の松井大二郎は、いつも遅くまで僕のタックルの練習に付き合ってくれた。

そのタックルの成果が試される格好の相手との試合が決まった。本場アルティメットファイトUFC大会3位、キックWKA世界スーパーヘビー級1位のフェリックス・ミッチェル選手と対戦することとなったのだ。

「黒人のジャブや蹴りは、ハンパなく速いんだろうな」

僕は少々弱気になっていた。

「打撃を喰らわないためには、タックルしかない」

僕はいつも以上に安達コーチに指導を受け、来る日も来る日もタックルだけの練習を続けた。日体大のレスリング部の生徒達が、練習相手になってくれたりもした。

「いや〜。夢の中でも僕、タックルしてますよ〜」

これ以上ないほどにレスリング漬けの日々を送った。

1997年11月3日、いよいよ試合当日を迎えた。場所は格闘技の聖地・後楽園ホールである。

ゴングが鳴ると相手の打撃に合わせて、思い切って低空の片足タックルを仕掛け、テイクダウンを奪った。しかし、そこからモタモタしているうちに相手にバックを取られてしまった。

「やべえ、また悪い癖が出てしまった」

「レスリングは倒してからが大事」といつも安達コーチに怒られていたのをすっかり忘れていた。

それから劣勢が続いた後、ブレイクとなった。

「バチーン‼」

立ち上がろうとした瞬間、僕の顔面目がけて蹴りが飛んできた。

膝がマットについている状態への打撃攻撃は、キングダムルールでは反則である。アルティメットルールに馴染んでいるミッチェル選手は、つい癖が出てしまったのだろう。

「くそ〜〜危ねえな」

怒り心頭の僕は、再開後すぐに低空の片足タックルで相手の足首を掴み、そのままアンクルロックでグイグイ絞り上げていった。

するとレフェリーからブレイクの合図があった。なんとアルティメットの猛者《もさ》からあっさりとタップを奪い、勝利したのである。

相手の打撃に付き合わず、タックルにこだわったのが勝因だったが、タックルに関してはまだまだだった。しかし、この勝利が大きな自信となったのも事実である。

「よっしゃ‼」

北京オリンピックをTVで見ていると銀メダルを獲ったレスリング・松永共広選手、銅メダルを獲った湯元健一選手の横で喜びに浸っている安達コーチの姿が映し出されていた。

安達コーチの指導が、メダリストを生んだのである。

そんな安達コーチの指導を受けたキングダム時代は、わずか半年という短い時間であったが、あの時のタックル漬けだった日々は、今でも金メダルのような輝きを放って僕の記憶の中に鎮座している。

〝Uの落とし子〟の涙

2012年12月16日、リングスで活躍した〝ロシアの狼〟ヴォルク・ハン選手が、引退試合を行なった。

選挙の投票日と重なり、慌しい1日であったが、僕は会場となる横浜文化体育館へ向かい、この試合を生観戦したのだった。

「なんか、涙が出てきた……」

感極まるほどヴォルク・ハン選手に思い入れがあったというわけではない。この日のカードを見て、UWFの解散を思い出したからだ。

『ヴォルク・ハンVS船木誠勝』

前田日明曰く「もし、UWFが続いていたら実現していたかもしれない対決」である。ふと、あの解散した時がフラッシュバックしていた。

それは、今から25年前の同じ12月だった。当時、飛ぶ鳥を落とす勢いのUWFであったが、金銭問題が原因で選手とフロントが対立し、団体としてやっていけなくなってしまったのだ。

「フロントが変わっても選手が一枚岩でいれば、またUWFができる」

どの選手もそう思っていたが、年が明けて、すぐに事件は起こった。なんと、まさかの〝解散〟となってしまったのだ。

前田さんの自宅に全選手が集まり、新しい団体へ向けての話し合いをしている最中に話がこじれてしまったのである。

「こんなことぐらいで解散か……」

ちょっとしたボタンの掛け違い程度と思われたが、意外にも根が深く修復不可能であった。

やっとデビューしたばかりの僕には人間不信になりそうなほどショックで、しばらく放心状態となった。

その後、３つの団体に分かれた後も争いは続いた。時にはＵインターとリングス、時にはリングスとパンクラスが裁判に発展しかねないほど争った。

「同じ釜の飯を食った仲間なのに……」

僕は胸が張り裂けそうなほど苦しかった。

高校を辞め、田舎を捨ててまでも目指したＵＷＦ。それが、こんな痴話ゲンカばかり繰り返す人間たちの集まりだったのかと思うと情けなかった。

この日の引退試合は、リングスとアウトサイダーの合同興行ということもあり、会場は多くの観衆で埋め尽くされていたが、客層を見ると〝そっち系〟だらけであった。つまり、アウトサイダーの応援とおぼしき怖そうな輩が観客席を占めていたのである。

しかし、リングスファンが少ないのも仕方がなかった。リングスは、２００２年に活動を休止し、この3月から10年ぶりに活動を再開したものの、団体としてはまだまだ機能していないからだ。かつてのリングスを知っている者にとっては、アマチュア格闘技であるアウトサイダーにおんぶに抱っこのような現状を見ると淋しい限りだ。

１９９１年に前田日明ひとりで立ち上げたリングスは、日本人選手がいないということで海外から選手を発掘しなければならなかった。オランダをはじめ、多くの国からたくさんのファイターがリングスのリングへ上がったのだが、その中で異彩を放っていたのが、ロシアのヴォルク・ハン選手だった。

これまで見たことのない関節技の数々に他団体の僕たちも彼に注目した。技への入り方もバリエーションに富んでいて、とても新鮮だった。実戦的でありながら、観客をも酔わす関節技は、まさに手品のような驚きの連続であったのだ。

技もさることながら、その佇まいも他のファイターと違っていた。決して強面の顔というわけではないが、その目が独特で怖いのである。

「本当の意味での真剣勝負をやっているのは軍人だけ」と、前田さんが引退セレモニーで観客に説明していたが、彼の独特のオーラはその道を経験しているからこそのものだろう。

だが、引退試合でのハン選手からは、その怖さはすっかり影を潜めていた。さすがに51歳ともなると、お腹回りに随分と肉がつき、人の良いオジサンと言った風貌に様変わりしていたのである。それに練習不足も否めなかった。

「ハン～！　頑張れ！」

客席からは同情にも似た声援が飛び交っていた。

あの一世を風靡したクロスヒールホールドを仕掛けるも、その切れ味は、かつてのものとはほど遠かった。船木選手も主役に気遣いながら、うまく試合を作っているように映った。それでも、この試合にケチをつける者などはいない。対戦相手が、パンクラスを創設した船木選手だったからだ。この夢のカードが実現しただけでファンはもう大満足なのである。

かつて、リングスとパンクラスは犬猿の仲だった。

リングスを作った前田さんとパンクラスを作った船木さんは、どちらもＵＷＦに在籍していたが、この頃から決して仲は良くなかった。ＵＷＦのエースであった前田さんとメキメキと頭角を現してきた若い船木さんは、トップ争いを演じていたから当然なのかもしれない。

かつて若き日の前田さんもアントニオ猪木さんに反発し、新日本プロレスから離脱し、ＵＷＦを立ち上げた。歴史は繰り返すのである。

これはトップにまで登り詰めないとわからない世界なのだろう。そうは言っても先輩たちが仲違いしている姿を見るのは、ＵＷＦに夢を持って入ってきた者としては本当に辛かった。

あれから随分と時間は経ってしまったが、この日の興行では、満面の笑みをたたえて一緒に並んでいる前田さんと船木さんの姿を見ることができた。

〝Ｕの落とし子〟と呼ばれた僕にとっても、この光景は感無量であった。

「この試合をもっと早く見たかった」

これは、すべてのファンの声であろう。

ファンを置き去りにしたことを、元ＵＷＦのメンバーは反省しなければならない。つまらない大人の事情でファンをがっかりさせないことをＵＷＦの遺訓としなければならない。

第2章

ファイターたちのマル秘ファイル①

——UWF、Uインター編

夢の対決の結末――高田延彦

僕が中学生だった頃、毎週金曜夜8時はＴＶで新日本プロレスが放映されていた。

実況の古舘伊知郎が機関銃のようなしゃべりで「青春のエスペランサー、高田延彦〜！」と絶叫する。

高田選手は、甘いマスクに鋼《はがね》のような肉体美でプロレスファンのハートをガッチリ掴んでいた。僕も例に漏れず強い憧れを抱いていたのだった。

「あんなキック食らったら死ぬかな〜」

僕は、あのリングで高田選手と闘ってみたいと本気で夢見ていたのだ。

それから9年後、Ｕインターのリングで夢が現実のものとなった。

１９９５年6月1日、場所は両国国技館。しかもメインイベントの試合で対戦することになり、さらに気合が入った。かつて憧れていた選手と向き合い、僕は武者震いした。

「プロレス史に残る名勝負にするぞ！」

鼻息は荒く燃えていた。

開始のゴングが鳴り、僕は勢い良く飛び出した。得意の掌底で攻めると、相手は嫌がっているのがよくわかった。チャンスだと思い一気に攻めようとした次の瞬間、高田さんの強烈なロ

UWF入門当時、憧れの高田延彦さんと泥まみれで撮った思い出の一枚（冨宅、垣原、高田）

両国国技館のメインで対決した高田戦

ーキックが僕の急所をとらえた。

当時はまだファールカップを使用していなかったためダイレクトに直撃した。痛みを通り越し、全身の力が抜け落ちた不思議な感覚になった。スーパーヘビー級の外人選手や2メートルの元横綱・北尾光司を一発でKOする蹴りをまともに食らってしまったのだから、どれだけ強烈かはわかっていただけると思う。

金属バットでフルスイングされたぐらいの衝撃だった、と言ったら大袈裟だろうか。しかも二発も食らってしまった。僕は完全に戦意喪失し、最後は裸絞めで、わずか6分あまりで完敗してしまった。

それだけではない。その結末はさらに衝撃的だった。

リング上でマイクを掴んだ高田さんの口から、なんと引退宣言まで飛び出したのだ。

僕はそれを股間の痛みに耐えながらぼんやりとした意識のなかで聞いた。長年憧れていた夢の対決は、一生忘れられない事件となり、幕を閉じたのだった。

目で殺された──山崎一夫

「あれ絶対、八百長ですよ」

控え室前で大声を出し、こちらに近づいてくる大男がいた。メジャーリーグでも登板経験の

UWFの大きな山に挑戦した山崎戦（1994年）

あるマック鈴木投手である。代理人の団野村氏とともにUインターの試合を観戦に来ていた彼は、僕が負けたことに納得がいかなかったようだった。

「（相手選手の）最後の何アレ？　腕ひしぎ（逆十字）を極める前に勝利ポーズしていましたよ。ずっと、真剣勝負と思って観てましたけど、最後のアレだけはホント腑《ふ》に落ちないですよ」

対戦相手が、フィニッシュ前にポーズをしたことが、気に入らなかったらしい。おそらく、その姿が余裕シャクシャクに見え、腹が立ったのであろう。友人の僕が負けたのがよっぽど悔しかったのか、周りが迷惑なほど彼は興奮して話し続けたのだった。

トレーナーを介して知り合ったマックとは、オフの時期にスポーツジムで一緒に汗を流す仲であった。彼は学生の頃に空手をやっていたこともあり、大の格闘技好きでもある。

この日は、僕の大一番の試合だったこともあり、心強い応援を頼んだ。その対戦相手とは、山崎一夫選手であった。

山崎選手といえば、前田日明選手、高田延彦選手と並ぶ新生UWFのトップ。3人で〝前高山〟と呼ばれていた。その時代に山崎さんの付き人をしていた僕にとって、このお三方と試合をするのは、とてつもない大きな夢であった。

1994年11月30日にその夢が叶うこととなった。舞台は日本武道館である。リングの対角線上には、あの山崎さんの姿があった。

僕は試合のゴングがなるや否や、得意の掌底攻撃を猛ラッシュで仕掛けた。冷静な試合運びで定評のある山崎さんを、出会い頭で撹乱する作戦をとったのだ。若い僕は手数で勝負とばかりに、掌底だけでなくキックもこれでもかとばかりに連打し続けた。すると体格差のある大きな山が、ものの見事に崩れていった。

「ダウン！」

和田良覚レフェリーの声が武道館に大きくこだました。しかし、喜びもつかの間、次の瞬間、僕は凍り付いてしまった。ダウンカウントを数えている途中に起き上がった山崎さんの表情が、一変したのである。まさに鬼の形相なのだ。目が怖いのである。

山崎さんは、ファンから〝山ちゃん〟という愛称で呼ばれるほど誰からも親しまれるキャラクターだ。リングを下りると驚くほど温和で穏やかであるためだ。まさに〝隣のお兄さん〟という感じなのである。

確かに僕がＵＷＦに入門して、山崎さんから一度も怒られた記憶がない。アクの強い人間が多いマット界で、山崎さんほど普通でいる方は珍しいのだ。それだけに、決して普段は見せることのない恐ろしい形相で睨《にら》まれたものだから、その凄味に怯《ひる》んでしまいそうだった。

気持ちを立て直し、何度かペースを握りなおしたものの、最後は山崎さんに翻弄《ほんろう》される形となった。そして、マックが吐き捨てた冒頭のシーンが訪れたのである。しかし、僕にとってはまさに〝目で殺された〟試合であったのだ。山崎さんの普段のあの立ち振る舞いは、リング上で、この凄みを引き出すための演出では、と疑いたくなるほどであった。

そんな山崎さんは、２０００年にプロレスを引退し、現在は神奈川県海老名市で治療院を営んでいる。リング上とは違い、穏やかな眼差しで患者と接する〝山ちゃん〟を頼って、多くの年配者が訪れている。

肉体改造の実験台——船木誠勝

１９８９年、それまでモノトーンだったＵＷＦのリングに鮮やかな色彩が加わった。

新日本プロレスから移籍した船木優治（現・誠勝）選手がＵＷＦのマットに登場したのだ。

見事にビルドアップされた肉体に、グリーンのシューティングシューズがよく似合っていた。タイツに日本の国旗が入っているのは海外遠征の名残なのだろう。ヨーロッパからの凱旋帰国ということも手伝ってか、すべてが新鮮で、ひときわオーラを放っていた。

そんな船木さんとの初めての出会いは入門テストの時である。船木さんがUWFのマットに上がってからわずか6日後だった。

「おい、ここまでしっかり下ろせ！　まだできるぞ〜ガンバレ！　ガンバレ‼」

僕はテストメニューの腕立て伏せを悶絶しながらも、船木さんの声援に励まされて乗り切った。たくさんいたテスト生の中で声をかけてくれたのは、僕が16歳であったことが大きかったのだと思う。

船木さんもまた15歳という若さで入門していたからだ。同じような境遇に特別な感情を抱いたとしてもおかしくない。

入門してからも練習はもちろんのこと、私生活でもよく面倒をみてくれた。初めてカラオケを唄ったのも、船木さんに飲みに連れていってもらった時だ。あのギターの神様Charさんと船木さんが飲んでいる所に同席させてもらったのだ。

「何か唄える？」

躊躇《ちゅうちょ》しながらも僕は、TUBEの『シーズン・イン・ザ・サン』を精一杯熱唱したのだった。

また、船木さんは引退後、俳優に転向したように、当時から映画が大好きであった。1日2

〜3本も映画を観ていたので、レンタルビデオ屋には練習後よく同行した。

僕も影響を受け、休みである日曜日は、体を休めながら映画鑑賞をするようになった。

船木さんオススメのロバート・デニーロ出演の作品は『タクシードライバー』からほとんど観たように思う。

UWFの練習は過酷を極めたものだけに、なかなか体重が増えないのが大きな悩みだった。

そこで、70キロしかなかった僕の体重を増やすため、全面的にバックアップしてくれたのも船木さんであった。

ウェイトトレーニングのメニューはすべて指示通り行なった。

「今使っている筋肉が、でっかくなるのを想像しながらその部位を意識しろ」

当時、とにかく根性論で行なうマット界で、各パーツに分け、キッチリと科学的に行なうトレーニングは珍しかった。

食事に関しても当然チェックは厳しかった。とにかく体をまず大きくしなければならない以上、食べるしかない。

「これは掟だから破ったらダメだよ」

外食に行った時は、必ず定食を3つ頼まなければいけない——。食の細い僕は船木さんとの約束を守るのに必死だった。

道場での食事にもちゃんこの掟があり、それが達成できないと、なんとミキサーにちゃんこの具を入れ、ドロドロにしたその液体を飲まなければならなかった。見た目は、飲みすぎた時に吐くアレと同じである。お味の方は……言葉ではいい表せないものがあった。つねに監視してくれたお陰で、半年間でなんと12キロも体重が増えた。

自分でもみるみる体が大きくなるのがわかり、楽しかった。なにより船木さんが自分のことのように喜んでくれたのがうれしかった。

銭湯に行くと必ず「いい体してるね〜」と声をかけられるようになったのもこの頃だ。

今ではたくさんのトレーニング本を出版している船木さんであるが、おそらく他人の体をデザインした初めての実験がこの時であったと思う。

もちろん、〝ハイブリッドボディ〟と呼ばれる以前の段階だ。ただ、まだまだ本格的ではなかったが、僕が肉体改造の第1号であったことだけは間違いないであろう。

〝世界一性格の悪い男〟からの手紙――鈴木みのる

2006年9月、〝世界一性格の悪い男〟がキャッチフレーズの鈴木みのる選手が、ジャイアント馬場、最後の弟子である太陽ケア選手から三冠ベルトを奪取し、チャンピオンに就いた。試合後、こともあろうに由緒ある三冠ベルトを振り回し踏みつけ、破損させたらしい。全日本プロレスが誇る三冠ベルトの歴史を知っている人間はさぞ憤慨したであろう。

ＵＷＦでの新弟子時代、一番しごかれた先輩が誰あろう、鈴木さんだった。

スクワットや腕立て伏せなどの基礎練習が終わると関節技のスパーリングを行なうのだが、鈴木さんに指名されると、新弟子達は皆、震え上がったものだ。

「垣原！　シューズ履いて用意しろ」

僕はレスリングシューズの靴紐を締めながら1時間は続くであろう地獄のスパーリングを覚悟した。

赤子の手を捻《ひね》るように次々と関節を極められ、動かないと肘鉄やナックルパンチが飛んでくる。

「殺される……」

何度も本気でそう思った。

バーリトゥードさながらのスパーリングが終わると、僕の耳はピンポン玉ほどに腫れ上がっていた。いわゆる、格闘家の勲章といわれている、カリフラワーイヤーだ。耳の内側の毛細血管が切れ、血が噴出してパンパンに溜まった状態になる。これが堪らなく痛いのだ。

腫れている重みで耳が垂れ下がるのだが、その状態で固まってしまうと、技を受けた弾みで耳がポロリと取れてしまう。「耳そぎチョップ」は本当の話なのである。そうならないために、病院に行き、注射器で血を抜いてもらい、常に耳をテーピングでグルグル巻きにして頭にピタリとつけ、固めるのだ。

固まるまでは指が触れただけでも痛いのだか、練習が休める訳ではない。翌日、耳を守るイヤーガードを付けスパーリングに臨んだが、全く意味がなかった。

「邪魔なんだよ～こんなものは！」

イヤーガードはすぐに引きちぎられてしまった。

この状態から抜け出すには身も心も強くなることだ。やられない技術を身に付けるしかなかった。

このシゴキが、鈴木さんの愛のムチだったと理解するのに十数年かかった。

その瞬間は、僕の現役最後の日に訪れた。

引退試合の会場に、鈴木さんから大きな花束がメッセージカードを添えて贈られた。

「初めて会った時、17才のボウズだったね……」から始まる手紙には、上っ面ではなく本当に心に響く言葉が並べられていた。

同じ怪我で苦しんだことや、そして何よりプロレスに対する熱い思いが強く感じられる文面であった。その温かい言葉に、今までの苦労が報われた気がした。

〝世界一性格の悪い男〟の世界一素敵なメッセージに、僕は人目もはばからず号泣した。

再戦への未練――桜庭和志

実をいうと、僕が初めて後輩に敗れたのが桜庭和志選手だ。

忘れもしない真夏の神宮球場での試合だった。

真っ昼間の屋外での興行だったので、火傷をしそうなほどマットが熱かった。

試合のほうもそれに負けないぐらい熱く、負けた悔しさよりも成長した後輩の姿に清々しい気持ちになったことを今でも覚えている。

桜庭選手とはUインター、そしてキングダムで同じ釜の飯を食った仲間だ。彼は一見おとなしく見えるが、かなりトンパチな一面を持っている。入門テストの時からその片鱗は見え隠れしていた。

中央大学のレスリング部でキャプテンをしていた彼は、Uインターのプロテストを受け、見事合格したのだが、まだ大学生活があと1年残っていた。

「今すぐなら入門させるが、1年後なら、もう一度テストを受け直してもらう」

試験官を務めていた宮戸優光選手は、かなり厳しい選択を彼に言い渡していた。

隣で聞いていた僕は、これは悩むだろうなとその動向に注目していたが、あっさりと大学を辞め、入門を決めてしまったのだ。

誰が考えても大学を辞めるのは賢い選択だとは思わなかっただけに、その決断力に脱帽したのと同時に只者ではないと感じた。

彼は、練習生の頃からすでに酒の席での武勇伝を残している。高田延彦選手に連れられ、六本木に飲みに行った時の話だ。普段は大人しいのだが、酔っ払った彼は恐ろしく饒舌になり、時としてとんでもないことを口にするのだ。

「高田さんよりオレのほうが強い」

仮にも団体のトップ、しかも社長である。入門したばかりのペエペエが、酔っているからといって、当然許されるセリフではない。

「この新弟子は、イカれてるよな」

しかし、これを聞いた先輩方は怒るどころか、揃って苦笑いするのみであった。こんなことを言う練習生など本来なら大変な目に遭うが、彼だと何故か許せてしまうのだ。どこか憎めないキャラクターなのである。

だが、シャレにならないのは、店を出てからであった。

「ファ〇ク　ユー」

なんと路上で、カラダの大きな黒人の集団にケンカを吹っかけているのだからタチが悪い。

普段は礼儀正しい男だが、酒が入るとこのように豹変してしまうだけに手に負えなかった。

ただ、ファイターという観点からすれば、大先輩だろうがカラダの大きな外人だろうが関係なく向かっていく、その闘争心に感服していたのも事実である。

「バカと天才は紙一重というが……」

後に、ヴァンダレイ・シウバ選手やミルコ・クロコップ選手をはじめ強豪選手と真っ向から殴り合う壮絶な試合を演じたのにも納得がいく。ハンパなく負けん気が強く、一本ネジが飛んでいるところが彼の強さの秘密なのかもしれない。

トンパチな武勇伝ばかり書いたが、彼は今もなお、世界中からリスペクトされるトップファイターなのである。ホイス・グレイシーとの90分の激闘は、決して色あせることはない。後輩ではあるが、数々の偉業を成し遂げた桜庭選手を僕は尊敬しているし、かつての同志として誇りに思っている。

そんな彼ともう一度だけ闘いたいと思い立ち、アクションを起こしたことがある。２００３年、僕が『スーパージュニア』で優勝した時だ。

試合後の囲み取材で、桜庭選手に新日本マット参戦を呼びかけたのである。

僕は、総合格闘技のリングで輝きまくっていた彼とセルリアンブルーのマットで肌を合わせ、新日ジュニアを熱く盛り上げたかったのだ。

あれから随分と月日が経ち、総合格闘技にしか目を向けていなかった桜庭選手も今では新日本マットでプロレスを行なっている。ファンのひとりとしてはうれしくもあるが、正直もう少し早くに来てくれればと残念な気持ちもある。

「もう一度、闘いたかった」

これは僕の女々しい未練である。

帝王の覚悟――髙山善廣

「髙山（善廣）選手の様子が変だったので救急車を呼び、たった今運ばれていきました」

2004年の夏、それは彼がレスラーとして一番油の乗っていた頃、まさかの事態が起きた。

実力ナンバーワンを決める夏の祭典『G1クライマックス』の大阪大会でのことだ。彼は佐々木健介選手との一進一退の攻防を繰り広げ、大阪府立体育館の観衆をヒートアップさせていた。

異変が起きたのは、試合後の控室だった。前述の通り、不調を訴え病院に運ばれてしまったのである。

原因は、なんと脳梗塞だった。数日後、僕は焦る気持ちを抑えながら、大阪の病院にいると思われる彼に電話をしてみた。

「倒れてからの処置が良かったみたいで、とりあえず無事です」

命には別状がなく、大事に至らなくて本当に良かった。

それから数カ月して、専門誌で「復帰に向けてトレーニング再開」という記事を目にした。

「本当にトレーニングしても大丈夫なのだろうか？」

脳梗塞を起こしたスポーツ選手が、復帰するなんて聞いたことがない。ましてやプロレスの場合は頭部への攻撃が多いのだ。普通なら引退を考えてもおかしくない。

しかし、彼は過酷なリハビリをこなし、なんと2年後に復帰したのだった。


復帰後、数年経って一緒に食事をする機会があった。

「飲み物は、水でお願いします」

「えっ、アルコールはなし？」

「実はあれ（脳梗塞）をやってからお酒は一切口にしていないんです。いつも水だけ」

脳梗塞から数年経ち、プロレスへの復帰も果たしていただけに、少しぐらいは飲んでいてもおかしくないと思っていた。

かつては、ビールを水代わりに飲み、ジャックダニエルのストレートを涼しい顔で飲み干していた男が、お酒を全く口にしないとは……。しかも目の前に出されていた美味しそうな牛肉にいっさい手をつけなかった。

「まさか肉とかもダメなの？」

「ええ、食事は野菜と魚が中心で、肉は摂っても少しの鶏肉だけ」

ヘビー級のレスラーが、肉を食べずにその体重を維持するのは、相当な苦労があると推察する。「レスラー＝肉好き」というイメージがあるのか、食事会は焼肉屋が多かったりする。ましてやトップ選手だけに、それを断るのも立場上難しいだろう。

しかし、どんな時でも徹底した食事制限を続けていたからこそ、復帰できたに違いない。おそらく主治医に言われたことを、これまでずっと守り通しているのだろう。

だからといって、試合中までカラダをプロテクトしているわけではなかった。TVで彼の試合を見ていると、若い選手とこれでもかとバチバチやりあっているのだ。頭部にダメージが残るような危険な技も喰らっている。見ているこっちが目を覆いたくなるほど激しいのであった。

「試合を見ていたら心配になるぐらい若手の技を喰らってるけど、頭の方は大丈夫なの？　何もそこまでやらなくてもいいいんじゃない？」

さすがに心配になり、本人にお節介なことを言ってみた。

「いや、それは僕が若手の頃に、上の選手にさんざん言っていたことですから。今、上の立場になった自分がそれをやったら同じでしょ」

つまり、脳梗塞をやったのを言い訳にスタイルが変わってしまっては、上であぐらをかいていた過去の選手と同じだというのだ。

なるほど、この心構えだからこそ、誰もなしえなかった大記録を打ち立てることができたのだろう。彼がスゴイのは、脳梗塞をやった後にメジャータイトルである全日本プロレスの三冠ベルトをその腰に巻いたことだ。

脳梗塞で倒れた選手が再びトップに返り咲いたのは、奇跡に近い快挙だ。トップレスラーとしての美学を守り通す強い精神力と、カラダをしっかりとケアしていた結果である。

高山選手は、48歳になった現在も現役にこだわり、リングに上がり続けている。

覚悟を決めてリングで闘う男の姿は、本物の凄味を持っていて、カッコイイ。

Uの技巧派——安生洋二①

「今まで闘った中で一番強かった日本人レスラーはだれ？」

これは今でもよくされる質問だ。

「闘いには相性みたいなものがあって、一概には誰が一番強いなんて言えないですよ」

僕は決まって同じ答えを返す。

だが「一番テクニックが優れている日本人レスラーは？」と問われたら迷わず答えるだろう。

「安生洋二選手です」と。

おそらく『ハッスル』などのアン・ジョー司令長官や、ゴールデン・カップスなどでのおちゃらけキャラのイメージが定着しており、意外に思う方が多いと思う。

1994年12月、「500戦無敗」と言われるあのヒクソン・グレイシーの道場に、安生選手が〝道場破り〟に行った。あの事件はあまりにもセンセーショナルだった。

このニュースが大々的に報道されたことで、グレイシー柔術ならびに総合格闘技が多くの人の身近なものとなったはずだ。それほどまでに大きな事件であった。

当時、プロレスこそが世界最強であると謳っていたUインターにとって、グレイシー柔術は目の上のたんこぶだった。そこでアメリカのロサンゼルスにあるヒクソン道場に送り込まれたのが、団体内で用心棒的存在であった安生さんであったのだ。

道場での練習では、とにかく誰も敵わないほどの卓越した技術を安生さんは持ち合わせていた。

まずグランドテクニックだが、ただ単に関節技をたくさん知っているだけではない。

「カッキー、関節技で相手を〝参った〟させるには、まず相手を弱らせないとダメ。元気な状態だったらこっちも力を使い、体力を奪われる。釣りと一緒で、力任せで竿を引っ張っても糸が切れるだけだよ」

「なるほど。まず魚のように相手を疲れるまで泳がせるのですね」

そこで大事になってくるのが押さえ込みの技術なのだが、安生流は人体の生理学を熟知したようなとても理にかなったものであった。

これを教わってからの僕は、今までの半分の力で相手を仕留めるようになった。

また立ち技である打撃のテクニックもマット界随一であった。プロレスラーの中ではいち早く、ムエタイの技術を名手シンサック氏から学んでいた。

若手時代にはムエタイの強豪チャンプア・ゲッソンリットとも引き分けている。ムエタイ戦士と正面から打ち合える日本人レスラーなどそうはいない。

安生さんのあの最短距離から打ってくるミドルキックやムエタイ仕込みの膝蹴りは、脅威だったのを思い出す。オールマイティな選手という言葉がピッタリだ。

では、なぜそこまで高い能力を持ち合わせていながら総合格闘技では結果を残せなかったのであろうか？　虫も殺さぬほどのその優しい性格に原因があると思う。

あの〝ヒクソン道場破り事件〟も、実は交渉人として出向いただけで、決して道場破りをしに行ったのではなかったのだ。

アウェーの道場に一人放りこまれ、マスコミにたきつけられたヒクソンに、顔面を血だらけにされるまで殴られても、彼は誰に対しても文句は言わなかった。それどころか会社に迷惑をかけたと引退宣言までしたほどだった。

安生洋二は、自己主張の多いプロレス界において、脇役を買って出る〝心優しきファイター〟なのである。

「プロレスに誇りを持てよ！」——安生洋二②

2008年、角界は元幕内・若ノ鵬の八百長告発で、横綱・朝青龍が法廷に立つなど荒れに荒れた。

僕が八百長という言葉を初めて聞いたのは小学生の頃だった。プロレス好きの兄と毎週楽しみにしているプロレス中継をみていた時、父からこの言葉が出たのだった。

「プロレスなんか八百長！　おまえら真剣にみとるけど、勝ち負けがきまっとるぞ」

僕と兄はこの言葉に猛然と反論したが、何かモヤモヤとした気持ちが残ったのをよく覚えている。

中学生になった頃、現在の総合格闘技の礎となるＵＷＦが出現した。ショー的要素を排除し真剣勝負のプロレス団体が現れたと、一般メディアも飛びついた。これでプロレスを八百長などとバカにされることもなくなるだろうと思っていた。

しかし、プロレスの評価はさほど変わらなかった。プロレスラーを志して高校を辞める時にも、八百長という言葉を先生からイヤというほど浴びせられた。

「なんでそんなイカサマな世界に行こうとするんだ。あんなの八百長に決まっとる」

大人から発せられるプロレスへの評価はいつもこれだった。

16歳の頃、レスラーになるためＵＷＦ道場へ直談判しに行ったことがあった。愛媛から東京まで列車で長い道のりであったが、希望に胸を膨らませての上京だった。

しかし、せっかく道場まで辿り着いたものの選手は誰一人いなかった。そこで、憧れの船木

初の先輩超えを果たしたUインター・安生戦

誠勝選手が出稽古しているという、骨法の道場を訪ねることにした。幸いなことに骨法・堀辺正史師範の姿もあった。

「あの〜、僕はプロレスラーを志している者です。こちらに船木選手が練習に来ていると雑誌に載っていたのでやってきました。会うことはできますか？」

　すると、師範の側近の方からこんな言葉が返ってきた。

「船木君なら今日は来ないわよ。それよりあなたねぇ、うちにはプロレスの記者がたくさん来るけどＵＷＦも同じプロレスなのよ。わかる？」

「えっ‼」

　僕は絶句した。

「八百長をやっているプロレスなんか目指さないでウチに入りなさい」

　田舎から夢を抱いて上京してきた者にとって

は、これ以上ないつらい言葉だった。

「どうしてみんなそんなことばかり言うんだ」

帰りの列車の中、僕の頭の中では何度も何度も八百長という言葉がリピートし、涙が止まらなかった。

選手になってからも「プロレス＝八百長」というのが常に付きまとった。Uインター時代などはプロレスラーという肩書に嫌気がさし、自問自答の毎日だった。

「なぁ山ケン（山本喧一《けんいち》選手）、俺達強くなるため毎日こんなに苦しいスパーリングやってるのに、プロレスラーという言葉だけで世間はバカにするよな」

「そうですね」

「世間はプロレスという単語を八百長と同義語に使ってるよ。いっそプロレスラーではなく別の呼び名が欲しいよ」

そこに先輩の安生洋二選手が口を挟んできた。

「何言ってんだ、カッキー。俺たちは戦うスタイルが違っても同じプロレスだよ。もっとプロレスに誇りを持てよ。プロレスはそんな世間が言うほど薄っぺらいものじゃないぞ。俺たちがやっている戦いこそが、本来のプロレスの姿だと思えばいい」

実力者の安生さんの言葉だけに説得力があった。この言葉で、ずっとモヤモヤとしていたものが消え去った。

力道山の頃からこの問題と戦ってきたプロレス。アントニオ猪木は、空手家やボクサーなどと異種格闘技戦で戦い、世間にプロレスの本当の強さを証明しようとした。佐山聡や前田日明がUWFを作ったのも、同じ理由だと思う。レスラーはいつだって、世間と戦ってきたのだ。

僕はUWFの後、プロレスの王道であるジャイアント馬場率いる全日本プロレスで受けの美学を学び、アントニオ猪木の新日本でプロレスの真髄を学んだ。世間がプロレスをどう思おうと、今の僕はあの若き日のように動じることは決してない。

僕は胸を張って言いたい。

「一番すげえのはプロレスなんだよ！」

Uインターの頭脳──宮戸優光

「何やってんだよ、コノ野郎」

UWFの練習生だった頃の僕は、宮戸《みやと》優光《ゆうこう》選手が怖くてたまらなかった。

「足の運動を1000回行け！」

と、ヒンズースクワットを1000回やらされることも日常茶飯事であった。

練習が終わったからといって安心はできない。入ったばかりの練習生は、ちゃんこを作る手伝いをするのだが、宮戸さんのちゃんこ番の時は大変であった。

料理など一度もしたことがなかった17歳の僕は、大根の皮剥きがうまくできなかった。

「何モタモタしてんだよ、コノ野郎」

この後、宮戸さんは驚く行動に出た。なんと僕の持っていた包丁を奪い取るや、峰の部分で僕の頭をペチンと一撃したのである。もちろん加減をしているため怪我することはなかったが、肝を冷やしたのは言うまでもない。

1日の練習や雑用が終わり、合宿所に戻っても、練習生の僕に安らぎはなかった。それは寮長が、宮戸さんだからである。夜も自炊が義務づけられ、監視の目が光っている。練習生にとって息抜きなど皆無に等しいのだ。

特に言葉遣いには厳しかった。敬語ができなかったりすると、そのつど直される。

「垣原は宮戸さんに殴られない日はないね」

船木誠勝選手の言葉どおり、1年365日、僕は見事に怒られ続けたのだった。

しかし、1年後にデビューしてからというもの僕への対応が180度変わった。全くといっていいほど怒られなくなったのである。これは僕の勝手な憶測なのだが、宮戸さんの若手時代のトラウマからくるものだと思う。

宮戸さんは、デビューしてからもずっと長い間、上の選手の雑用をつとめていた。下が入ってもすぐ辞めてしまい、下っ端扱いが続いた。上の選手からは、いつまでたっても一人前に見てもらえなかったそうだ。

おそらく、この時代の経験から、自分が上に立ったらデビューした後輩は一人前に見てやろうと決めていたのではないだろうか。とても厳しい反面、その辺りのケジメがきっちりしている数少ない先輩なのである。

Uインターの頭脳と呼ばれていた宮戸さんは、若手たちの長所を見抜く天才的な目を持っていた。

ある日、Uインター道場でのことだ。宮戸さんは突然、髙山善廣選手を呼び寄せた。

「髙山、今からここでコイツをジャーマン・スープレックスで投げてみろ」

まだ練習生だった彼は目を白黒させていた。宮戸さんのこの突拍子もない提案に、そばで聞いていた僕も初めは冗談かと思った。

それもそのはず、ジャーマン・スープレックスという技は、相手を真後ろに投げ、ブリッジするというとても高度な技なのである。しかも195センチの長身を誇る髙山選手に対して、投げられる相手の身長は20センチも低い。低い相手を投げるとなると自分の頭が先にマットにめり込んでしまう危険があるのだ。

何より初めて技をかけるのが、いきなり硬いリングの上とあっては彼が躊躇するのも無理はない。もちろん受ける相手も大変だ。アドレナリンの出ている試合中ならともかく、この状況でやられるのは酷な話だろう。

「早くやれよ、コノ野郎」

短気な宮戸さんの怒声が道場に響き渡った。すると高山選手は、意を決したような顔つきになり、相手を抱えあげた。

「おぉ〜〜〜」

多少形が崩れたものの美しい弧を描き、見事相手を投げきったのである。

「なかなかいいじゃないかよ」

宮戸さんは、ご満悦だった。

これが後に〝エベレストジャーマン〟と呼ばれ、数々のメジャータイトルを量産する高山選手の必殺技となるのであった。この時は誰も知る由もなかったのだが、きっと宮戸さんだけには見えていたのだと思う。

それは、これまでたくさんいた若手の中で、この練習をさせたのは、高山選手ただひとりだからだ。〝プロレスの帝王〟と呼ばれる怪物をマット界に送り出したのはある意味、宮戸さんなのかもしれない。

海を渡ったマシンガン掌底

プロレスでは顔面へのパンチ攻撃は反則となる。

そこで、張り手を進化させパンチに負けない破壊力のある攻撃にしたのが「掌底《しょうてい》」という技である。

アントニオ猪木選手が骨法という武術からプロレスに持ち込んだのが初めだが、その後、船木誠勝選手がＵＷＦで一気に世に広めた。僕がＵＷＦに入門した１９８９年はまさに「掌底元年」と呼んでいいほど、彼は大きなインパクトを与えていた。

当然、練習生だった僕は、船木さんに多大な影響を受け、掌底に強い憧れを抱いていたのだった。

「垣原！　練習生は練習に生きると書くだろ。だから練習生は一日中練習しないとダメだ」

これが、船木さんの口癖であった。

もちろん、やれというだけでなく、自らが先頭に立ち、練習に明け暮れていた。

道場の練習だけでなく、掌底を磨くため、ボクシングジムでも技術を学んでいた。

船木さんと一緒に通っていた角海老ボクシングジムは、１階だけでなく地下にもリングがあった。そこは蒸し風呂のように暑く、練習後は体重が３キロも落ちた。

小柄なボクサーたちに混じって練習するのだが、船木さんの動きは全く違和感のないものだった。

「１００キロ以上の体重があるのに、軽量級のボクサーと変わらない動きをしていて、ホントに凄いな！」

周りのボクサーたちの声に、改めて船木さんの凄さを再確認した。

僕はというと、まだまだ様にならないパンチをミットに繰り出していた。それでもジムのトレーナーである小林智昭さんの「ナイス！　ナイスパンチ」という言葉に、褒められて伸びるタイプの僕は、ボクシングがますます好きになっていった。

掌底という技は、どんどんボクシングの動きを取り入れて完成されていった。90年には改良されたボクシング仕込みの掌底になり、船木さんの快進撃が始まった。

船木さんの今までのプロレスラーにはない、ボクサー並みの身のこなしで行なうダッキングやウェービングはまさに芸術的だった。新しいプロレスの到来に、ファンは大きな期待を寄せていた。

「僕もいつかあのような動きをしたい！」

団体が崩壊し、船木さんとは別の団体であるUインターに行ってからも、この掌底は欠かさず練習した。

93年、僕はアメリカに武者修行に行き、そこで現役ウェルター級のチャンピオンである黒人ボクサーのダン選手に、パンチを教わるチャンスに恵まれた。

ダン選手の繰り出すジャブのスピードは驚くほど速い。

僕はジャブの大切さを改めて彼から教わった。

毎日、ボクシングジムでダン選手と必死に練習している姿を見ていたジムのオーナーが、なんと僕の掌底をボクシングの興行で披露してみないかと言ってくれた。これはとんでもないこ

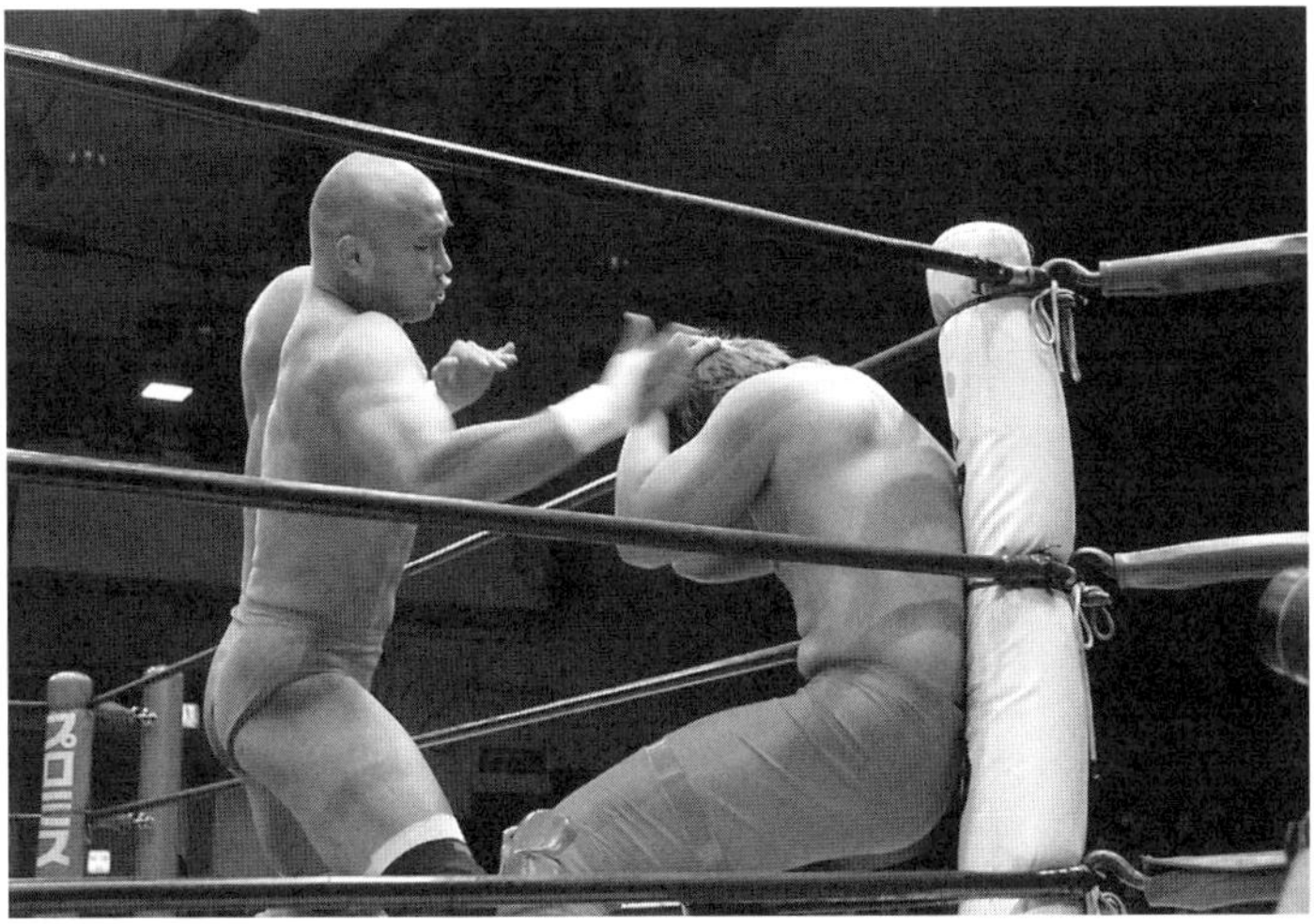

ボクシング仕込みのマシンガン掌底

となのである。ボクシングの興行で、プロレスの試合を行なうことは異例中の異例だからだ。

93年6月18日、テネシー州ナッシュビルにある1万人以上収容できるミュニシパル・オーディトリアムという会場で試合を行なうことに決まった。

Uインターのアメリカ進出第一弾の意味もあり、ダブルのプレッシャーで武者震いした。

初めての海外での試合を、ボクシング興行の中でやるのだ。

「掌底で、アメリカ人をビックリさせるしかないな！」

大役に体中が熱くなった。

いよいよ試合の当日がやってきた。会場に行き、控室に入ると、プロレスの控室とは全く違う空気に緊張感が増してきた。

そして、いよいよ出番になり、入場すると、もの凄いブーイングの嵐である。

「これは日本人だからなのか？　それともプロレスラーへの偏見なのか？」

正直、これほどまでのブーイングは日本では経験したことがなく、内心怯《ひる》んでしまった。

「こうなったら、負けずにガンガンいくしかないな……」

ゴングが鳴ると同時に得意の掌底を一心不乱に打ち続けた。

バシバシと顔面に掌底が極《き》まっていく。すると、さっきまでのブーイングが歓声へと変わっていった。

「あれ？　いい感じじゃん」

気を良くした僕はさらに攻撃していく。

と、その時、攻撃を凌いだ相手が僕のバックを取り、そのまま真後ろにブン投げた。

僕は後頭部をリングに打ち付け、目から火が出るほどの衝撃を受けた。

「やっぱり、いつものリングとは違う！」

プロレスのリングと異なり、ボクシングのそれはスプリングがなく、想像以上に硬かったのだ。

「うわー、これでは死んでしまう！」

ダメージを負いながらもサムライ魂で、掌底を爆発させ、やっとの思いで勝利をものにした。

「サンキュー！　サンキュー！」

ボクサーたちに交じってアメリカ武者修行

アメリカ進出第1弾はボクシング興行の中で行われた

少し大げさだが、まるで映画『ロッキー』のような観衆の盛り上がりに気持ちが最高潮に達した。

翌日の新聞にはメインに出たバート・クーパー選手（マイク・タイソン選手と対戦歴あり）を差し置いて写真入りで僕の試合が掲載されていた。船木さんから教わった掌底が海を渡り、アメリカ、それもボクシングのリングで評価されたことがとてもうれしかった。

戦慄のスープレックス——ゲーリー・オブライト

「ヘイ！　スラッピン（＝掌底ヤロウ。彼は僕のことをこう呼ぶ）。今度、ペンサコーラのオレの家に来ないか？」

「え？　それどこにあるの？」

僕は拙い英語で聞き返した。

「フロリダだ。そこで、スープレックスを教えてやるよ。ゲーリー・トレーニングでもどうだ？」

あのスープレックスの名手である、ゲーリー・オブライト選手の誘いを断る理由はひとつもなかった。

初めて彼と闘ったのは、僕がまだ19歳の時であった。

初めてのメインでの試合というのに加え、相手が〝殺人スープレックス〟の異名をとるゲーリー選手だったのだから、胸は高鳴った。同時に不安も頭をよぎった。

あまりの不安からか、対戦前夜、母親に電話し「自分の身に何があっても悲しまないで」と伝えたほどである。

その不安は的中してしまった。試合でゲーリー選手の戦慄のジャーマン・スープレックスをまともに2度も喰らい、意識が吹っ飛んでしまったのだ。

あまりに危険だったのか、高田延彦選手や山崎一夫選手などトップ選手が慌ててシャワー後のタオルを巻いた状態でリングに駆け寄ってきた。

その後、日本武道館で彼と再びシングルマッチを組まれたが、前回のトラウマがあり、とても憂鬱《ゆううつ》だった。

この試合で彼はジャーマン・スープレックスよりさらに危険度の高い、フルネルソンスープレックスという技を初めて披露し、僕はその技の餌食となってしまった。

試合開始から十分に警戒しながら闘ってはいたが、彼のあの長い手で巻きつかれたら最後、出っぱったお腹に乗せられ、メーターを振り切る背筋力を使って、真後ろに頭から真っ逆さまに放り投げられたのだった。

その日もまた記憶を失い、ドクターのお世話になってしまった。

リングに上がれば〝赤鬼〟と呼ばれ、妥協を一切許さない男であったが、リングを下りた彼はとても優しくてナイスガイであった。普段は物静かで読書家でもある。

彼の自宅があるフロリダのペンサコーラに招かれた時、その巨体に似合わず、細やかに気を使ってくれ、そのギャップが僕には可笑《おか》しかった。

お腹が空いていないかいつも気にしてくれて、英語のできない僕に分かりやすい英語で会話をしてくれるなど、コミュニケーションをとても大事にしてくれていた。

だが、朝起こされると日本語で「オハヨ～オハヨ」と言いながら、そのまま手に缶ビールを持たされるのだけは勘弁だった。

大のビール党のゲーリー選手は「ゲーリー・トレーニング」と言いながらずっと夜遅くまで飲み続けていた。

ゲーリー・トレーニングとは、ただ酒を飲むことだったのか？

彼に付き合うには肝臓が一つでは到底間に合わないと思った。

彼の部屋でハイスクール、カレッジ時代のアマレスの試合を見せてもらった。

「うわ～ゲーリーさん、凄い！　圧倒的に強いね！　ポンポン相手を投げてるじゃん！」

この頃からあの異常なまでに発達した後背筋とふくらはぎを持っているのだ。

実は全米選手権を3度も制覇している。なぜここまで強いのにオリンピックに出なかったのか不思議に思った。

その彼が亡くなってから、ずいぶん長い歳月が経つ。

初のメイン登場は19歳。相手はゲーリー・オブライト

あんなに強かった男が……今だに信じられない。

僕はUWFインター時代には対戦が多かったが、全日本プロレス時代は「TOP」というユニットで一緒に組むことが多かった。

本当に思い出が尽きない。

最後になぜ金メダル候補だった彼が、オリンピックに出場しなかったのか、後日知ることができた。それは病気をしていた親の看護のために断念したらしいのだ。ホントに彼らしいなと思った。

心優しき男ゲーリー・オブライトよ、永遠なれ！

プロレスラーは首が命――ミスター空中

プロレスの首のトレーニングで、一番メジャーなのがブリッジである。頭と両つま先の3点で体を支えるのだが、マットに鼻がつくまで頭を反らせなければならない。この体勢をキープし、3分間耐えるという練習を行なうのだ。練習の終盤に行なうことが多く、この3分がものすごくきつい。

「垣原、ケツが下がってきたからあと5分追加だ」

10分以上やらされることもあった。スクワットを1000回やらされた後などでのブリッジは、まさに地獄だった。足に効いてきてしまって、ブルブルと震えが止まらないのである。

「おい、寒いのか？　誰か毛布を持ってきてやれ」

先輩から、こんな風にからかわれることもしばしばであった。

さらに究極の練習がある。このブリッジの上に、体重100キロ以上もある先輩レスラーが乗るのだ。先輩の両足は完全に地面から浮かせるため、僕の首に全体重がかかる。首が悲鳴をあげ、生きた心地がしなかった。

しかし新日本プロレスの若手は、もっと凄いブリッジをやっていた。なんとブリッジの状態で、ベンチプレスを行なうのである。今やトップ選手となった中邑《なかむら》真輔選手や田口隆祐選手などが、練習生の頃のコーチ役であった木戸修さんの指導によってこれをやっていた。

正直、この練習を見たときは寒気がした。このようにプロレスでは首を強化するため、さまざまな練習を行なうのである。

「首を鍛えなアカンよ」

〝プロレスの神様〟カール・ゴッチ氏の娘婿である、ミスター空中《そらなか》レフェリーの口癖だった。

空中さんは、アメリカのタンパに住んでいたため、試合のときだけレフェリーとして来日していた。当時、練習生だった僕に会うと必ず首の重要性を説いてくれたのである。

「首をもっと太くしないとアカンよ」

挨拶代わりのように、決まってこの言葉を繰り返すのだった。「これぐらいゴツイ首にならんと怪我するで」と道場に同行していたウエイン・シャムロック選手を指差した。

まだ17歳で、体のできていなかった僕を心配してくれていたのだろう。僕は空中さんのアドバイスを素直に受け入れ、首のトレーニングに打ち込んだのだった。

ブリッジ以外では「首押し」という練習メニューが、首を鍛えるのに有効だった。首押しは、仰向けに寝て頭を持ち上げ、相手に上から押してもらい、床に着かないよう抵抗する。うつ伏せになったり横を向いたり体勢を変えながら、これを四方向にわたって行なうのである。この練習を僕は、歯を磨くのと同じぐらい毎日行なっていた。

しかし、年間試合数が10試合程度のUスタイルから、年間130試合も行なう巡業スタイルのプロレスに移ってから生活スタイルが激変し、段々と首のトレーニングがおろそかになっていった。そうすると試合で首を痛めることが多くなり、ますます首のトレーニングができなくなってしまった。

この頃から、夜眠ろうとしても首が異常に張ってしまい、寝られなくなっていった。そのため、自分専用の低反発の枕を持ち歩くようになった。症状はさらにひどくなり、痛み止めの薬を飲まないと眠れなくなっていったのだった。

そうなってくると今度は、手に痺れが出てきて力が入らなくなり、長期欠場を余儀なくされた。そして、精密検査の結果、「頚椎ヘルニア」と判明し、引退の道を選ぶこととなってしまったのである。

ここで改めて、僕は首を鍛えることの大切さに気付いたのだ。「初心忘れるべからず」というが、空中さんの言葉を忘れてしまった自分が本当に愚かで情けない。天国の空中さんは、僕のこの醜態を見て悲しんでおられるだろう。

今更ながら僕は首を一生懸命に鍛えている。安全に効率的に首を鍛えるため、解剖学や運動生理学も勉強中だ。今後は僕が、次世代を担う選手たちに首のトレーニングの重要性を伝えていきたい。

〝神様〟との小さな思い出――カール・ゴッチ

「ジャーマンスープレックスホールド」は、言わずと知れたプロレスの芸術品である。

相手のバックに回り、そのまま後方に投げ、ブリッジして固めるという技だ。

かなり難易度が高いこの技を日本で初めて見せたのが、カール・ゴッチ氏だ。

数々の団体でコーチを務め、日本にストロングスタイルを確立させた立役者でもある。とりわけトレーニングの厳しさには定評があった。マシーンや器具を使っての練習を嫌い、自体重を使った実践的な練習のみを行なっていたと聞く。

残念ながら僕は一度も練習の指導は受けていない。だが一度だけお会いしたことがある。

今から十数年前のUインター時代に、食事をご一緒する機会に恵まれた。先輩の山崎一夫選手のご自宅にゴッチさんが来られていたので、田村潔司選手と伺ったのだった。

挨拶をして握手をした瞬間、その手の大きさに驚いた。

「でかい！！　まるでゴリラだ」

ガッチリと握られた瞬間、このゴツイ手だからこそ数々の選手の関節を極めまくったのだなと妙に納得してしまった。

食事会はゴッチさん、山崎さんご夫妻、田村選手と僕との五人であった。山崎さんの奥様の美味しい料理をご馳走になりながらの楽しい時間が過ぎていった。

山崎さんは英語の苦手な僕に丁寧に通訳してくれたり、ゴッチさんの相手をしたりと大忙しであった。大先輩に気を使わせてしまい、申し訳ない気持ちだった。

ゴッチさんはワインを飲み、段々と上機嫌になっていた。

「君はレスラーになる前はどんなスポーツをしていたのか？」

僕は陸上競技の短距離走（１００メートル）をやっていたと答えた。

すると突然笑い出した。

「じゃあ、よくパンを盗んでいたんだろう」

「えっ？？？」

「そんなに早く走れるのは小さい頃からパンを盗んで逃げていたからだろう」

そう言うと、ガハハハと笑い出した。

「ずいぶん店の主に追いかけられて鍛えられたんじゃないか」

そして、大声でまた笑った。

あぁ～なるほど、ジョークだったのか……。

僕の気持ちをほぐすためにからかったのだろう。

和やかな雰囲気の中、いろいろな話を聞いていて、強く印象に残ったのが「レスラーはコンディションが一番大切」という言葉だった。

ゴッチ式コンディショニングトレーニングといえば、あまりにもトランプ練習の印象が強い。新日本プロレス、そしてUWFと引き継がれていった練習メニューだが、トランプをめくり、出た数字の回数分、スクワットやプッシュアップを行なうのである。

これを真夏にやるとにかくキツイ。UWFの頃、そして新日本でも苦しんだ思い出がある。

余談になるが、引退後、僕はキッズトレーニング教室を開いていて、そこで子ども向けにアレンジしたトランプ練習を行なっている。レスラー時代にはきつかったトレーニング方法も、意外にも子どもたちには楽しいゲームのようなのか、とても喜ぶのだ（もちろん、トランプの数や回数は少なくしている）。

トレーニングやプロレスの話以外で一番印象に残っているのが「お酒を飲む時は、絶対食事を取りなさい」という言葉だった。

「お酒だけだと体調を崩すからダメだ」

それからまた「レスラーはコンディションが一番大切」と口を酸っぱくしておっしゃっていた。ゴッチさんはゆっくりゆっくりと時間をかけ、食事を取りながらお酒を飲んでいた。

頑固なイメージがあるゴッチさんが、エンジョイしている姿に、どこかほっとした気分になり、僕も心から楽しい気持ちになった。

帰り際、ファンのようにサインを書いてもらった。

すると僕の名前のところに「フラッシュ」と書いてあった。

「これはどういう意味ですか？」と訊くと、「おまえはいつもパンを盗んで一目散に逃げるからフラッシュとあだ名をつけたんだ」。そう言ってまたガハハハと笑ったのだった。

〝人間風車〟の教え——ビル・ロビンソン

「プロレスラー、ビル・ロビンソンは、当時はベッカム以上の人気だったよ」

そう聞いて、現役時代のロビンソン先生を知らなかった僕は、正直驚いた。〝陽気でビール好きのおじいさん〟としか見えない先生は、レスラーとは程遠い体型をしていたからだ。

Uインター時代の1993年、僕はテネシー州ナッシュビルへ武者修行に来ていた。なぜこの地を選んだのか？　それはロビンソン教室を受けるためであった。

あまりにも有名な「人間風車」ダブルアーム・スープレックスがロビンソン先生の代表的な技であるが、実はそんな派手な技より凄いのが、シュートテクニックであったのだ。今風に言えばガチンコの技である。

「私のイギリス・ランカシャーレスリングの技は、すべてがスペシャルだ。ハ、ハ、ハ……」

その通り、全てが実戦的で理にかなった技であった。

毎日教わったことをノートに書き溜めておくのだが、先生のあまりの引き出しの多さに、ついていくのが精一杯であった。今でも先生以上のテクニシャンとは出会っていない。超がつくプロフェッショナル・レスラーは先生をおいて他にはいないと断言できる。僕は4度も海を渡りその高度なテクニックを学びに行ったが、残念ながら全くものにはできなかった。

2004年に僕は首の負傷で引退勧告を受けたのだが、それでも強行出場して現役にこだわったのは、思い残すことがあったからだ。

あの武者修行時代の〝強くなる〟ためにガムシャラだった自分をもう一度取り戻したかった。

その思いが叶えられる場所が、東京・高円寺にあった。

そして、そこには昔と変わらない先生の姿があった。

UWFの先輩である宮戸優光さんが本物のレスリングを後世に残そうと、ロビンソン先生をアメリカから呼び寄せ、ジム生たちにレスリングを教えていたのだ。

僕は引退する前にロビンソン先生に教わった証を何かの形で残そうと思い、再び教えを乞う決意をした。そこで一番シンプルで一番難しい技である「ヘッドロック」に目をつけた。プロレスではヘッドロックは単なる繋ぎ技の一つであるが、先生の手に掛かればフィニッシュホールドへと昇華できるからだ。

その後の復帰戦は「グランドヘッドロック」で勝利した。パワーファイターではない僕がヘッドロックを決め技にできたのは、先生がいたからこそである。

両膝が悪く、歩行も困難な先生は、足が痛くなると「ファッ〇ン・ニー」が口癖だった。そんな状態の先生に一度だけスパーリングをやろうと言われたことがある。その日は膝の調子も良く気分が乗っていたのだろう。

「カモン！　グッドボーイ」

リングに上がり、お互い向かい合った。

僕は正直、先生の体を心配したのだが、そんな思いとは裏腹に、先生の構えの重心は素晴らしく、いなしてタックルに入る余地など全くなかった。

「全盛期だったらどれぐらい強かったのだろう……」

あっという間の3分ではあったが、本気モードで闘えたのは僕の財産となった。

もしも先生が今の総合格闘技の試合に出ていたならば、間違いなくプロレスラー最強神話が保たれていたであろう。

スーパーじいちゃん――ダニー・ホッジ

「このたびは、15周年おめでとうございます」

僕は会場の入り口で、来賓者を出迎えている宮戸優光さんにご挨拶をした。2014年5月、『UWFスネークピットジャパン』の15周年を祝う会が、中野サンプラザで行なわれた。

格闘技のジム経営が大変なのをよく耳にするだけに15年も続いているのは快挙だと思う。

宮戸さんの下へ15周年を祝うため、かつてのUインターのメンバーが駆けつけた。髙山善廣選手をはじめ桜庭和志選手、安生洋二選手、佐野巧真《たくま》選手、松井大二郎選手とさながらUインターの同窓会のようであった。

そして、驚いたのは〝最強最後のレジェンド〟ダニー・ホッジ先生までもアメリカからお越しになっていた。ホッジ先生は立会人として、Uインターのリングに何度か上がってもらったことがある。

「ホッジ先生！　壇上にどうぞ～」

安生さんが得意の英語で、ホッジ先生を紹介し、壇上に呼び込んだ。なぜか手にはリンゴを持っている。Uインター勢も見守る中、なんとリンゴを潰すパフォーマンスを見せてくれたのであった。

「うわっ！　凄すぎる」

82歳（当時）とは思えないその怪物ぶりに会場もどよめいていた。見た目は、優しそうな外国人のおじいさんだが、握手をすればその凄さが体感できる。久しぶりに握手をする機会に恵まれたが、強く握られ、悶絶した。

ミヤマ仮面に喜ぶボッジ先生と

たとえは悪いが、まるでゴリラにでも手を握られているようなのである。握手だけで強いと思わせる往年のレスラーたちを僕は心から尊敬する。

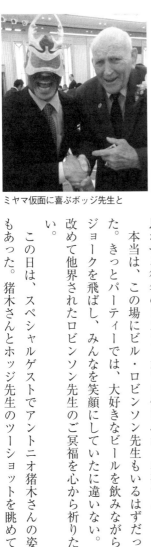

本当は、この場にビル・ロビンソン先生もいるはずだった。きっとパーティーでは、大好きなビールを飲みながらジョークを飛ばし、みんなを笑顔にしていたに違いない。改めて他界されたロビンソン先生のご冥福を心から祈りたい。

この日は、スペシャルゲストでアントニオ猪木さんの姿もあった。猪木さんとホッジ先生のツーショットを眺めていたら、いろんな妄想が頭をよぎった。

「2人が全盛期の時に闘ったら、どっちが強かったのだろうか？」

最強外国人の四天王は、カール・ゴッチ、ルー・テーズ、ビル・ロビンソン、ダニー・ホッジで間違いないが、個人的にはホッジ先生がトータル的には一番だったのではと思っている。

20年前にUインターの道場で見せてもらったホッジ先生の高速タックルが、今でも頭から離れないからだ。あのタックルのスピードは、還暦を過ぎたお年寄りのそれではなかった。普段はゆっくりしか歩けず、穏やかなお爺ちゃんといった感じだったが、いざレスリングの指導になった瞬間からスイッチが入り、マッハの動きでダブルタックルを披露してくれたのだった。

「スーパーじいちゃんだ」

後にも先にも、こんな素早い動きをするお年寄りを僕は見たことがない。鳥人と呼ばれた跳躍力に怪物のパワーを兼ね備え、ボクシングとレスリングのテクニックを持っていたのだから、最強と言っても差し支えないはずだ。もし、あの時代にＵＦＣがあったらホッジ先生が間違いなくベルトを巻いていただろう。

「先生、僕は今、ネイチャーヒーローをやっています」

僕はホッジ先生にカタコトの英語で一生懸命アピールしたが、おそらく伝わってはいなかったと思う。でもホッジ先生の奥様が、ミヤマ☆仮面を面白がってくれてツーショットで撮影してくれたのはうれしかった。このような夢の時間を与えてくれた宮戸さんに感謝である。

第3章

ファイターたちのマル秘ファイル②

——全日本プロレス、ノア編

馬場チョップの威力――ジャイアント馬場①

「垣原っちゅう子はねぇ〜、プロレスをわかっとらんねぇ」

毎度、TV解説から聞こえてくるジャイアント馬場さんからの言葉だった。

1998年、僕は格闘技系団体キングダム崩壊後、戦場を馬場さん率いる全日本プロレスに移したのだった。

エースの桜庭和志選手や高山善廣選手などが揃ったキングダムは、グローブを着用しての総合格闘技スタイルで異彩を放った団体ではあったが、わずか半年で崩壊した。

3度目の団体崩壊に僕は、本格的にプロレスを学ぶことを決意した。しかし、今までとあまりのスタイルの違いにとまどう僕に、馬場さんからは辛口のコメントしか出てこなかった。「プロレスは受身が大事だよ」と言ってもなかなか理解しない僕に、ついにシビレを切らしたのか、御大自らが胸を貸して下さった。

馬場さんが還暦を迎えた年の98年11月30日、場所は宮城県スポーツセンターでの試合であった。

僕は、馬場さんが嫌う、へそ下までのタイツにUWFの文字の入ったレガースを履き、ふてぶてしく向かい合った。気合満々で臨んだ試合であったが、あの大きな体を前にして、僕はどう攻めてよいのかわからず金縛り状態になってしまった。

情けないことに、将棋でいえば〝歩〟すらも出せない状態でいたのだ。

その時である、大きな手が僕の頭を直撃した。

もの凄い衝撃が頭部、そして首まで走った。

あまりの痛みに一瞬、目の前が真っ白になった。あの「馬場チョップ」を食らったのだ。お笑いの関根勤さんなどが物まねでよくやるアレである。

対戦するまでは正直、「あまり痛くないのでは……」と思っていた。あのスローに見える動きから、プロレスファンの皆さんもそう思っていたに違いない。しかし、実際に技を受けると、ハイキックを頭部に受けた時に近い衝撃があった。

肉の少ない骨太の大きな手を余計な力を入れず、脱力した状態から振り下ろしてくる。しかも、あの高さからなのだ。

なるほど痛いわけである。おそらく〝脱力〟がポイントではないかと思う。力の入った男性の張り手より、力んでいない女性の張り手の方が痛かったりするからだ。

そして、馬場さんはいつも「相手の痛い攻撃をやせ我慢して耐えるより、受身をとって倒れた方がダメージが少ない」「倒れた方が弱く見えるけどプロレスのルールでは倒れても負けではないのだ」とおっしゃられていた。

その意味がなかなかわからなかった僕も、試合を通して次第に理解していった。

馬場さんは、この試合の翌日、906試合ぶりの欠場となり、2カ月後の99年1月31日に永眠された。実はちょうど1年前の同じ日に、ホテルオークラで馬場さんに初めてお会いし、全日マットに上がることが決まったのだった。

とても短い時間であったが、馬場さんのプロレス哲学に触れることができた僕は、幸せ者である。

解剖学からみる馬場チョップ——ジャイアント馬場②

1977年、アーノルド・シュワルツネッガー主演の『パンピング・アイアン』という映画で、たちまち脚光を受けたトレーニングジムがある。

それは、アメリカ発祥の『ゴールドジム』だ。今や世界30カ国にあり、300万人を超えるメンバーを誇る世界最大級ネットワークのフィットネスジムである。僕もこのゴールドジムへの憧れが強く、本場カリフォルニアやハワイまで足を延ばし、何度もトレーニングを行なったことがある。国内には1995年に第一号店がオープンし、現在も店舗は増加中だ。

現役時代は名誉会員としてジムを使わせてもらっていた僕は、引退後にはトレーナーという立場で関わるようになった。

ゴールドジムのトレーナーには、解剖学や筋生理学などの知識が必要だ。

「今日のアカデミーは、難しかった」

さすがにアラフォーの僕には、専門学校を出たばかりの若者たちのように簡単には内容が頭に入らず、悪戦苦闘している。しかし、学ぶことは新たな発見の連続で面白い。それに解剖学を学ぶことにより、長年疑問に思っていたことの答えを見つけ出すこともできた。

その解明された謎とは、馬場チョップの威力のことだ。

プロレスラーだった頃から、ファンや関係者に「今までで一番痛かった技は？」という質問を受けることがたびたびある。たくさんあって困るが、決まって馬場チョップと答えている。すると、これを聞いた人は、みんなポカンとした顔をする。それもそのはず、世間の馬場チョップのイメージといえば、お世辞にも太くは見えない馬場さんの腕から、ゆっくりと繰り出されるからだ。

しかし、僕は何も冗談で馬場チョップが効いたと言っているわけではない。

17年前、ジャイアント馬場さんと対戦した僕は、実際にこの馬場チョップを脳天に喰らった。技を受けた瞬間は、体中に稲妻のような電流が走り、あまりの痛みに場外へとエスケープしたほどであった。

正直なところ、僕も還暦を迎えた馬場さんの技が効くとは思わなかっただけに、その威力の凄まじさに驚いた。そこで、この技がなぜ効いたのか自分なりに仮説を立ててみた。

まず、何といっても馬場さんの武器は、２０９センチという長身だ。

手を振り上げれば、およそ3メートル近い高さになる。そこから、あの大きな手が落下すると重力が加わり、たちまち凶器となるのだ。ただ、ゆっくりとした動作や腕の太さから推測すると、おそらく馬場さんは脱力していたように思われる。それでも威力あるチョップが打てた理由はわからなかった。解剖学に出会ったことで、僕はその答えをようやく見つけられたのである。

人間のカラダには、400もの筋肉がある。見た目が同じに見える筋肉でも、筋繊維の走行の違いによって、『紡錘状筋』と『羽状筋』というものに分けられる。それぞれ長所と短所があるのだが、紡錘状筋の方は収縮スピードが速いという特徴がある。一方の羽状筋は、紡錘状筋に比べ大きな力を出すことができる筋肉なのだ。

例えば、腕の力こぶができる筋肉は上腕二頭筋という筋肉だが、これは紡錘状筋であり、意外にも力の強い部位ではなかったのである。反対に腕の裏側にある上腕三頭筋の方が、羽状筋となる。

つまり、力持ちの象徴のように思える上腕二頭筋より、裏側の上腕三頭筋のほうが力を出すには必要ということだ。

さらに注目すべきは、その長さだ。上腕三頭筋の3つの筋肉で長頭と呼ばれるものは、肩甲骨から肘のあたりまで、長～く付いているのである。

上腕骨が長ければ、当然ながら上腕三頭筋も長い。腕が異常に長かった馬場さんは、この上腕三頭筋が人一倍長かったと断定できる。つまり強い筋肉である羽状筋が、たっぷりあったのである。決して強そうに見えなかった馬場さんの腕だが、実は解剖学の観点からみるとものすごい力を秘めていたことになる。

また、その上腕三頭筋がもっとも力を発揮するのは、肘を伸ばす動作を行なった時になる。

「この肘を伸ばす動作……腕を高く挙げてやってみるとアノ技じゃん」

そう馬場チョップになるのだ。

何故あの時あれほど効いたのか、謎が解けた。これで馬場さんのように腕の長い人がやるチョップは、見た目以上に威力があると証明できたのである。

生前、馬場さんから「カラダのサイズにあったレスリングをやりなさい」とアドバイスされていた。見事に馬場さんは、自分のカラダを活かしきっていたのだ。

僕は今頃になって、ようやく馬場さんの教えを理解できたのであった。

激痛ヘッドロック

人間が本能で繰り出す技ってなんだろう？

自分の子どもの頃を思い返すと、ある技が浮かんできた。

「痛い、痛い、痛い！」

幼少の頃、僕は2つ上の兄と兄弟喧嘩をすると、決まって最後はヘッドロックをされて泣いていた。ヘッドロックとは、相手の頭を脇に抱えて締め上げるというシンプルで単純な技である。これがトラウマとなり、僕はヘッドロックをやられるのが大の苦手となった。

しかし、レスラーになってからは、当然苦手などとは言っていられない。

この技は今の選手より、往年のレスラーたちの方が上手な使い方をしていたと感じる。それは現代のプロレスでは、昔と比べて派手な技が主流を占め、地味なヘッドロックを真剣に身につけようという選手は皆無に等しいからだ。

僕はこれまで練習や試合でヘッドロックをかけられたことは、もちろん数限りなくある。ただ、その中で我慢ができないほど痛かったヘッドロックは意外と少ない。記憶を手繰り寄せると、二人の顔が思い浮かんだ。

一人はビル・ロビンソン先生である。ロビンソンさんのシュートテクニックはどの技もスペシャルであったが、とりわけヘッドロックはきつかった。

「先生、マジで首がやばいです」

僕は日本語がわからないロビンソンさんに対し、涙声で訴えながらタップした。高円寺にあるスネークピットというジムでの練習中の話だ。

先生のヘッドロックは顔面締めだけでなく、そのままマットへ押し付けるグランド式だった。これが首に強烈に効く。首が悪かった僕は、これをやられるのが本当に辛かった。ヘッドロックの効果に気付いた僕は、このグランドヘッドロックを、後に必殺技として新日本プロレスの試合で多用することになる。

ヘッドロックをかけられて痛かったもう一人は、ジャイアント馬場さんだ。

僕は全日本プロレス在籍時、試合前の練習時に馬場さんからよくアドバイスをもらっていた。アドバイスというと聞こえはいいが、実際は怒られていただけだ。

馬場さんは、格闘技団体から移籍してきてプロレスが全然できない僕に、いつもおかんむりだった。ある時、前日の試合でのヘッドロックが下手くそだったとリング内へ呼ばれた。

「おい、こうやるんだよ」

そういってかけられたのが、ヘッドロックの別バージョンであるフロントヘッドロックだった。

見せる技だけでなくこのように地味なシュートテクニックも器用にこなすことに驚いた。

「うっ～～!!」

飛び上がるほどの激痛が僕を襲った。

馬場さんのあの骨太の手首を僕の頬骨にガッチリ当て、テコの原理を使いながらグーッと真上へ絞られたのだから堪らない。僕は激痛の中、馬場さんのある名語録が頭の中を駆け巡った。

「シューティングを超えたところにプロレスがあるんだよ」

ＵＷＦ、シューティングなどの格闘技団体が出現してマット界を席巻した頃、馬場さんがプロレスを守るために発言した名文句である。僕は馬場さんにフロントヘッドロックをかけられている時、この含蓄のある言葉を体感したのだった。

「ヘッドロック」をネットで検索し、「ウィキペディア」で意味を調べてみた。

〈一見地味な技だが、極《き》まった場合、激痛を伴う〉となっていた。

そして使い手のところには、ルー・テーズさんやダニー・ホッジさんに混じって、なんと僕の名前も書かれていた。とても光栄なことではあるが、それだけ現代のプロレスではヘッドロックの使い手がいないということでもある。

ヘッドロックは本当にいい技だけにとても寂しい。ヘッドロックを試合序盤での基本技やつなぎ技として使うのではなく、極め技として復活させてくれる選手に出てきてもらいたいものだ。

〝カッキーカッター〟誕生秘話

スタン・ハンセンのウエスタン・ラリアートやハルク・ホーガンのアックスボンバー、アントニオ猪木のコブラツイスト――。

子どもの頃に見ていたプロレスには、必ずその選手の代名詞的な技があった。このようなオリジナルの必殺技があるのが、プロレスの最大の魅力だと言っても過言ではないだろう。

必殺技のネーミングもまた、ファンに浸透する要因のひとつとなっている。最近では武藤敬司選手の「シャイニング・ウイザード」のように、かっこいいネーミングの技が多い。

ではオリジナルの必殺技は、どのように編み出されているのだろうか？

幼少の頃に読んでいた漫画『プロレス・スーパースター列伝』だとドラマチックに描かれていたのだが、僕の場合はこんな感じであった。

はじめに入門したＵＷＦという団体は格闘技色が強く、キック、スープレックス、サブミッションという皆、同じ技で競うスタイルであったため、オリジナルの技を持つ必要がなかった。プロレスの３カウントルールがなかったこともあり、ほとんどが「腕ひしぎ逆十字」や「ヒザ十字固め」など関節技で決まるパターンが多かった。

それから時が流れ、１９９８年。

団体解散後、ジャイアント馬場さん率いる全日本プロレスに移籍した頃から、オリジナル技の必要性に迫られることとなったのだ。

「全日のリングで単調なキックや関節技ばかりだと、このままでは飽きられてしまう……」

そう僕は悩んでいた。

ある日、全日本プロレスの道場で練習していた時のことだ。ベテラン選手も交じえ、同じく移籍してきた髙山善廣選手と技の話になった。

「髙山選手なんか背も高いし足も長いから、大外刈りなんかいいんじゃないの？」

プロレス頭の優れているあるベテランの選手が助言した。もちろん、大外刈りはオリジナルではなく柔道の技に過ぎない。

「漫画の『巨人の星』の星飛雄馬の投球フォームわかります？」

他の選手が何やら思いついたようだった。

「足をバ～ンと天に向け高く上げるアレですね」

一同声を合わせた。

「足を天高く上げてから間をためて相手を刈ったら、オリジナルの技になりませんか？」

「なるほど……。いいんですけど……僕にはちょっと……」

高山選手は消極的であった。

「この技なら僕に向いてるかも！」

僕は声を弾ませた。

実は中学生の頃、地元の愛媛県新居浜市で柔道をかじっていたことがあった。毎朝5時半に起きて柔道の練習場である武徳殿に通い、学校に行くまでのわずかな時間を練習にあてていたのだった。

師匠である郷田先生から手取り足取り指導してもらったが、特に大外刈りの練習にはたくさん時間を割いた。

当然、大外刈りがもっとも得意な技となり、半年で初段を獲得することができた。僕はその

必殺技・カッキカッター。アメリカン・ドラゴン(現・ダニエル・ブライアン)戦(2004年)

頃を思い出し、大外刈りを進化させた技なら、ぜひやってみたいと思ったのだ。

早速、道場で練習生を使って、その技を試してみた。するとこれがなかなか見栄えも良く、しっくりときた。

「技の名前はどうしましょうか？」

僕はノリノリで皆に聞いてみた。

すると髙山選手が言った。

「〝カッキーカッター〟なんかどうですか？」

カッキーというのは僕のニックネームでファンの間でも浸透していた。カッターは、彼いわく鋭い切れ味を意味しているとのことだったが、語呂がよかったのだろう。

「あっ‼　いいね～。言葉の響きがいいよ」

満場一致で決まった。

僕のオリジナル技「カッキーカッター」の名づけ親は、後に〝プロレスの帝王〟となる髙山善廣選手ということになるのだ。

初めてのオリジナル技カッキーカッターは、道場での雑談から生まれた。その後、僕はイメージ通りの形ができるまで鏡などを見ながら繰り返し練習してみた。そして、ついに試合でお披露目する日を迎えた。

僕は自信満々でその技を繰り出してみた。すると……

悲しいほどに観客の反応はなかった。

「えっ⁉」

僕は正直ショックであったが、なぜ悪かったのか試合後、じっくりと考えてみた。まずヘビー級の多い全日本プロレスでは、この技を小さな体の僕がやっても技に説得力がなかったようだ。それに何より、技に躍動感がない。倒れている相手を引きずり起こして技を掛けても迫力がないのだ。

そこで、相手の力を利用して技をかける必要があると考えた。そうすれば小さな体でもカバーできる。つまり相手が走ってきたところにカウンターでこの技を合わせるのだ。

これは何といってもタイミングが命である。絶妙なタイミングを身につけなければならない。僕は来る日も来る日も試合で使い続けた。

合わせるタイミングが良くなったところで、今度はテコンドーの道場へ行き、足を直角に上げる技である「踵《かかと》落とし」から足の上げ方をさらに研究してみた。そして足を高く上げるためには柔軟性やインナーマッスルの筋肉強化が必要であり、専門のトレーナーに相談もした。後に大腰筋が重要であることがわかった。

そんな努力の甲斐もあったのか、ある日、この技でついにピンフォール勝ちを収めることができた。相手は190センチ、120キロもあるヘビー級レスラーであるウルフ・フォークフィールド選手だったこともあり、喜びもひとしおだった。

この一戦で随分と感触が掴めてきた。しかし、一回勝っただけでは点で終わってしまう。とにかく使い続け、フィニッシュホールドとしてファンに認知してもらわなければならないのだ。

僕は対戦相手の体の大きさや試合状況で使い分けをし、この技をお客にどんどんアピールした。

「動きの止まっている選手にもやっぱり使いたいなぁ～」

そこで考えついたのが、絞め技から繋いで繰り出すカッキーカッターであった。まずコブラクラッチでカッチリと相手を絞めあげる。絞めたままの状態で引きずり起こす。そして手を掴んだまま相手を突き放し、コマのように回しながら入るというトルネード式だ。これなら課題であった動きの止まっている選手にも使える。

この技を喰らった選手は「車にぶつかったような衝撃だ」とコメントしている。遠心力が加わることで、随分と威力が増したようだった。

このように試行錯誤を繰り返しながら、カッキーカッターは少しずつ破壊力のある技へと成長していった。そして、この技が世間に認知される絶好のチャンスが来たのが、それから5年後の2003年の春だった。

世界最高峰と言われる、新日本プロレスのジュニアの祭典『ベスト・オブ・ザ・スーパージュニアX』で、決勝トーナメントまで残ったのである。この大会は100キロ以下のジュニア選手で総当たりのリーグ戦を行ない、ナンバーワンを決めるという、1年で一番大きな舞台な

2003年6月11日、新日本プロレス、スーパージュニアで優勝

のだ。

年々出場選手が多くなり2ブロックに分かれて行なうようになり、各ブロックの上位2名が決勝トーナメントに出るというシステムとなった。

準決勝で僕は百戦錬磨のＡＫＩＲＡ選手を破り、ついに決勝戦に駒を進めたのだった。

「この晴れ舞台で、カッキーカッターを満天下に知らしめたい」

僕は強い決意を胸にしていた。過酷なシリーズということもあり、決勝戦はお互いの体がボロボロであった。それでも渾身の力で自分の技を出しあった。

そして激闘の結末で、なんとカッキーカッターが強敵・金本浩二選手を沈めてくれたのであった。「必殺技」として認めてもらえた瞬間でもある。

僕は優勝した以上に〝オリジナルの必殺技〟を持てたことが何よりも嬉しかった。

プロレス少年からの夢である必殺技を獲得できた最高の夜であった。

プロの流儀——スティーブ・ウイリアムス

「うわ〜〜本物のレスラーがおる！」

「スティーブ・ウイリアムスにケビン・フォン・エリック！　すげえ〜！　新日本の外人レスラーがなんでなん？」

中学生だった僕は、同級生たちと大はしゃぎした。修学旅行で京都に滞在中に、駅内で偶然遭遇したのだった。大のプロレスファンでお調子者であった僕は、サインを貰おうと外人レスラー軍団の中に突っ込んで行った。

「バシーン！」

なんと外人レスラーのエースであるスティーブ・ウイリアムス選手の強烈な足蹴りを喰らってしまったのだ。

プライベートの場をわきまえないことに憤慨したのであろう。

2、3メートルは吹っ飛んだ僕を見て、同級生たちは皆、一同に固まっていた。

「マジ怖かった……」

学ランには、くっきりとウイリアムス選手のゴツイ足跡が残っていた。生還したという記念に、同級生にはこの足跡の写真を撮ってもらったりした。

そんな僕が、まさか将来リング上で闘う日が来るなんて、夢にも思わなかった。

1998年、UWF系の団体が崩壊を重ねたことにより、僕は戦場を馬場さんのいる全日本プロレスに移した。外人天国と言われる全日本プロレスには、新日本プロレスから移籍したウイリアムス選手がエース格として君臨していた。

もしや対戦するのだろうかと思っていた矢先、岡山で初めて戦うこととなった。

〝殺人医師〟という不気味なキャッチフレーズに加え、あの中学の頃の強烈なトラウマが、さらに恐怖心を増幅させていた。

「あの殺人バックドロップだけは喰らいたくないなぁ」

この日ほど試合が嫌だと思ったことはない。

僕は逃げ出したい気持ちを抑えながら、試合前にウォーミングアップをしていた。

するとそこに、対戦相手であるウイリアムス選手がやってきた。

「ヘイ！　今日はおまえと試合だな。なあ、おまえにも家族がいるだろう？　オレにもファミリーがいる。試合はお互い気をつけてやろうじゃないか。怪我でもしたらファミリーに迷惑がかかるだろう。なあ、わかるだろ？　オレたちはプロだぜ」

「えっ⁉」

僕は我が耳を疑った。なんと意外なことに、相手も僕のことを警戒していたのだ。おそらく僕が全日本プロレスに入る前は、シュートファイトが売りであったＵＷＦにいたことが大きかったのだろう。

決して褒められたことではないが、僕がＵインター時代に、よく外人選手を怪我させていたことも知っているようだった。そんな僕を向こうも危ない奴だと認識していたのだろう。

この瞬間、〝新居浜東中学の少年・垣原〟の影は完全に消し去ることができた。

後に大観衆が集まった東京ドーム大会でも対戦し、あの分厚い胸板を臆することなく蹴りまくった。それに初公開のトップロープから行なうミサイルキックまで飛び出すほど彼に対しての恐怖心は払拭されていた。

僕は当時、相手も怖いのだと勝手に解釈し、自らの恐怖心を完全に克服した。しかし今、冷静に分析すると、ウイリアムス選手はパフォーマンスだけのレスラーとは違い、大学時代はアマレスで全米4連覇したほどの猛者《もさ》なのである。

それに晩年、総合格闘技の試合にも出場していることからも、決してチキンハートなどではないことがわかる。僕ごときに怖いと思うはずはなかったのだ。

つまり彼の言葉の真意は、僕のことを警戒していたのではなく、プロとしての心構えを親切に教えてくれただけに過ぎなかったのだ。相手選手を怪我させることはプロとして失格であり、そのことをオブラートに包んで忠告してくれていたのだろう。

それを証拠に観客には満足させる危ない試合を見せるが、対戦相手の僕には安心感を与えてくれた。

これこそがプロフェッショナルな姿なのだろう。

それをロクに英語ができないこともあり、勝手な解釈をし、こうも伸び伸びと試合ができたのだから我ながらおめでたい男である。若気の至りとはいえ恥ずかしいエピソードだ。

マット界一の人格者——三沢光晴

「三沢さんがお亡くなりになりました」

２００９年6月14日の早朝のことである。僕は友人レスラーからの信じられないメールに、目を疑った。

「あの不死身の三沢さんが、そんなわけがない」

僕はそう自分に言い聞かせながら、朝刊に目を通した。受身の天才の三沢光晴選手が、相手の技を受けて死ぬなんて……。

いや、そんなことはありえない。なぜなら僕は、これまでウルトラCの危険度の技をやられても大丈夫だった三沢さんを何度も見ている。これは何かの間違いではないのか？　しかしTVをつけてみても、ニュースで大々的に報道されている。

「でも、信じられない……」

この日、僕は新日本プロレスの試合で立会人をすることになっていたため、後楽園ホールへと向かった。試合開始前にノアから参戦している菊池毅選手が、三沢さんの遺影を抱き、10カウントゴングが鳴らされた。

とても悲しいゴングの音色に、もうこの現実を受け入れるしかなかった。

三沢光晴選手と初めて会ったのは15年以上前になる。全日本マットに参戦が決まり、挨拶をしに行ったのだが、この時すでに僕の目からは、三沢さんの体がボロボロの状態に見えた。しかし、いざリングで戦ってみると、同じ人間とは思えないほど動きに切れがあった。

驚いたのが、キックやタックルなどに対する反応の素早さだ。僕のキックに対して足を上げてガードするところや、タックルのいなし方など、闘っていて思わず「うまい！」と唸《うな》る場面が随所に見られた。

プロレスだけでなく、総合格闘技的な動きのポテンシャルも高かった。（1990年代の）全日本プロレスの中では、格闘技向きの選手として、川田利明選手が有名であったのだが、両者と対戦し、比較してみると三沢さんの方が断然上であった。

このことを周りのプロレス関係者に話すと、ビックリされたものだった。格闘技路線のファイトを意識した川田さんに対して、三沢さんは王道プロレスを継承しているイメージが強かったからだろう。でも格闘技の動きはできないわけではなく、やらないだけだったのだ。

もう一度言うが、三沢さんは強かった。

1999年に全日本プロレスに正式入団を果たした僕は、三沢選手、小川良成選手、丸藤選手と4人で「アンタッチャブル」というユニットを組むことになった。ジャイアント馬場さんからプロレスを教わっても、なかなか理解できずにいた僕は、このチームに入ったことによって少しずつ硬い頭が柔らかくなっていった。

言葉では言わないが、三沢さんからは試合を通じて「プロレスは受身」であるということを教えられた。自ら危険な落ち方で受身を取り、相手の技をより一層光らせる妙技は、三沢さんしかできない芸当だ。それはどんな言葉より説得力があった。

しかし、ここまで自分の体を犠牲にできるのは、プロレスへの愛が強くなければできないはずだ。三沢さんほどプロレスに対してプライドを持っているレスラーはいなかった。

それを何気ない会話からも感じることがあった。僕が三沢さんに最後に会ったのは、09年1月4日、新日本プロレス開催の東京ドーム大会でのことである。

久しぶりにご挨拶するとあって、僕は息子と一緒に緊張の面持ちでノアの控室に入室した。そこには、昔と全く変わらない雰囲気の三沢さんがいてホッとした。

「昨日、テレビで三沢さんが筋肉番付に出ているのを観ました」

僕は満身創痍の体で、他のアスリートと一緒にさまざまな競技を競っている姿に感動したことを伝えた。しかし、当人は結果に納得がいってないようだった。

「(跳び箱が)あまり跳べなくてゴメンね」

当時7歳の息子に向かって、こう優しく語りかけてくれた。首や膝が悪いとかウエイトが重いなど、多少の愚痴があってもよさそうなものだが、決して冗談でも言い訳はしないのである。

この言葉からプロレスラーとしてのプライドを感じたのは、僕の考えすぎだろうか？　プロレスラーたるもの、何をやっても決して負けないという強い思いを三沢さんから感じた。当然、リング上は一切妥協を許さない極限のファイトになるわけである。

自分に対しては、このように厳しい三沢さんだが、他人にはものすごく優しかった。

「なに？　ヘコんでんの？」

僕がノアを辞める時も、しっかりと話を聞いてくれた。マスコミには「旅に出すようなもの」と言って一切僕をとがめなかった。

辞めた後も、1ミリもその態度が変わることはなかった。それどころか僕の引退試合には、大きな花束を届けてくれた。本当に人間的にも懐が深く、素晴らしい方だった。

ノアを退団した本当の理由

三沢光晴選手が亡くなったことにより、ノアは新体制で臨むこととなった。

そんな矢先、激震が走った。力道山の息子である百田《ももた》光雄選手が退団したのである。副社長で還暦レスラーでもある、大ベテランの百田さんが団体を抜けるというのは、衝撃であった。

かつて僕もノアに所属したことがある。しかし、実際のリングに上がったのは、旗揚げ戦のたった1試合のみ。翌日からの試合には出場せず、しばらくして退団したのだった。この突然の退団劇に、マスコミやファンはその真相に興味津々だった。

あれから長い歳月が流れ、その間にも何度か雑誌のインタビューなどでも、この退団についてコメントをしてきたが、その直接的な理由は伝えきれなかった。本当の胸のうちを打ち明けることができなかったのだ。今、当時を思い出し、真相を書きたいと思う。

1999年1月31日、ジャイアント馬場さんが、永眠した。馬場さんに代わり三沢さんが新社長になり、全日本プロレスは新たな船出をしたのだが、内部では早くも不協和音が聞こえていた。三沢さんと同じチーム「アンタッチャブル」にいた僕の耳には、そうした話題が嫌でも入ってきた。

「まさか、全日本プロレスまでもが分裂を起こしてしまうのではないか?」

UWFからUインター、キングダムと3回も分裂ならびに解散を目の当たりにしていた僕は、いい加減、内紛にはウンザリしていた。10代で夢を持って入ってきた世界で、大人たちの裏事情を何度も見てしまった僕の心は、酷く歪んだものとなっていった。

馬場さんの全日本プロレスを選んだ理由のひとつは、ここなら絶対にゴタゴタは起こらないと思ったからである。選手の入れ替わりが激しいマット界で、全日本プロレスだけは人間関係が安定している。これこそが馬場さんの絶大なる力の証明でもあった。

かつてジャンボ鶴田選手は、入団記者会見で「プロレスに就職します」という言葉を残した。終身雇用とまではいかなくとも、選手たちに安定した職場を提供しようというのが、馬場さんの考えだったのだ。

長い間、鎖国をして他との交流を避けてきた〝馬場王国〟は、その時の自分にとっては楽園に思えた。リングにだけ集中できる環境こそが、僕が一番求めていたものだからである。

ファイトスタイルも違い、しかも体の大きな外人選手が多い全日本マットで戦い抜くことは本当に過酷ではあったが、充実感は大きかった。しかし、たび重なるケガが僕を苦しめ始めた。特に首の怪我が悩みの種であった。

ある時、首の怪我がどうしようもなくなり、社長の三沢さんに話を聞いてもらうことにした。

「いいよ。じゃあ飯でも食いながら話を聞くよ」

そして、僕は欠場させてもらい、治療に専念することになったのだが、その休んでいる間に、なんと全日本プロレスは分裂してしまった。馬場夫人である馬場元子さんの全日本プロレスと、三沢さんの新団体ノアに分かれたのである。

人望の厚い三沢さんにほとんどの選手がついていき、ノアは大所帯となった。予想はしていたことだったが、僕は一人悩んでいた。

「どうして僕が行く団体はいつもこうなってしまうんだ……」

18歳でデビューした年の暮れに初めて団体の分裂を経験し、わずか10年の間に団体の崩壊を4回も経験したことになる。

しかし僕の悩みは、この分裂問題と首のケガだけではなかった。レスラーとして、自分のスタイルを確立できないでいるのが、さらに大きな焦りとなって僕を苦しめた。

「このままではダメだ。キャラクターを確立しなければ、自分の存在意義が薄れていく」

僕は三沢さんと同じユニットにいたこともあり、そのままスライドする形でノアのメンバーに入っていたが、本当に自分が必要とされているのか不安でたまらなかった。

ノアの旗揚げ戦が迫ってきた頃、僕はある決意をした。僕は長年実現できなかったあるアイデアを、三沢さんに直談判するためノアの事務所を訪れたのだった。

僕が長年温めてきたアイデアとは、マスクマンに変身することであった。オープンフィンガーグローブを着けた、格闘スタイルのマスクマンだ。

すでにマスクのデザインも友人のデザイナーにお願いしてあった。白を基調とした斬新なデザインである。リングネームも考えていた。その名は「アンタエウス」。ギリシャ神話に出てくる巨人アンタイオスにちなんだ。

ノアのメンバーの中には、マスクマンがいない。長期欠場しての初戦であり、変身した姿はインパクトもあるはずだ。これを実現するのは、ノアの旗揚げ戦しかない。

「旗揚げ戦では、生まれ変わった姿を見せる」

長期欠場中に、ボクシングのジムに通いパンチの練習をしていた。首の状態もだいぶ良い。僕は一連のゴタゴタの雑念を取り払うかのように、練習に没頭していた。またパワーアップを図るため、家から2時間かけてパワーリフティングのジムにも通った。その甲斐もあって、ベンチプレスで180キロを挙げるまでにパワーがついた。

実は僕には、Uインター時代のアメリカ修行の頃、インディー団体にマスクマンでリングに上がった経験がある。月〜金曜日まで、テネシー州にあるロビンソン教室で昼は関節技とスープレックスの練習、夜は打撃の練習を行なっていた。そして週末だけケンタッキー州などへ車で出向き、小さな会場でプロレスの試合をやっていたのである。

青ラメのマスクに空手着を着て、東洋人キャラを演じていた。幼少の頃からマスクマンに憧れていた僕は、マスクを被《かぶ》るのが病みつきになっていった。

この頃を境に「いつか日本のリングで本格的にマスクマンをやりたい」という思いが膨らんでいった。

「今こそ、マスクマンをやる絶好のチャンスの時だ」

僕は自信満々でノアの事務所へと向かった。

しかし結果的にこの構想は、三沢さんらに受け入れてもらえなかった。今振り返れば、タイガーマスクの経験のある三沢さんには、マスクマンに対していろいろな思いがあったのだろう。採用されず、正直残念ではあったが、僕のアイデアを頭ごなしに否定されたわけではなかったので、反発心はそれほど起きなかった。

そんな中、僕にとって別の大きな事件が起こった。

恥ずかしい話だが、子どもの頃、僕の両親の仲は悪かった。酒を飲み暴れる父親に、母親は毎日泣かされていたのだ。小さい頃、それを震えながら見ていて、本当に辛かった。そんな父親を、僕はずっと許すことができなかった。

だが僕も結婚して子どもができ、親の気持ちも少しはわかるようになった。そこで十数年ぶりに会う決心をしたのだが、しかし喜ばしいはずのこの再会が、僕と父との間にさらに大きな確執を生む結果となってしまった。

「会うんじゃなかった……」

昔の出来事がフラッシュバックし、僕は正気を保てなくなってしまったのだ。

子どもの頃に経験した家庭崩壊、憧れのプロレス界での幾度も繰り返される分裂という悲劇。そして安住の地を求めてやってきた全日本プロレスまでもが分裂という現状に、再び絶望と不安を抱くようになった。

「もう廃業しよう……」

僕は完全に自暴自棄になっていた。

こんな気持ちのまま迎えたノア旗揚げ戦は、物議をかもすような試合となってしまった。そして、翌日から欠場し、退団という最悪の結果を招いてしまったのである。どんな個人的な事情があったとしても、社会人としてあるまじき行為であったと今更ながら反省している。

新しく会社を立ち上げ、社員を守っていくことがどれほど大変なことなのか、自分のことで精一杯だった当時の僕にはわからなかった。今では自分で会社を立ち上げ、その大変さを身にしみて感じている。大所帯のノアを運営していた三沢さんの大変さは想像するに余りある。

それなのに、最後まで僕のことを悪く言わなかった三沢さんに感謝の言葉を述べる日が、もう来ることはなくなってしまった。僕にできることは、この経験を背負い、三沢さんのような大きな人間に近づけるよう全力で頑張っていくことだけである。

外人選手の教育係――ジョー樋口

「うわぁ～、また失神だ」

小学生だった僕は、プロレス中継を見ていた兄と顔を見合わせた。

ジョー樋口レフェリーが、試合中にエキサイトした外人選手に突き飛ばされ、失神している。これで反則となり、試合が終わってしまうのだった。どちらが勝つかワクワクして観ていた僕たちは、このような不完全燃焼の試合に落胆した。当時の全日本プロレスでは、これからという絶好の場面で〝ジョー樋口レフェリー失神〟という流れが頻繁《ひんぱん》に起こっていた。

「ジョー樋口は、弱過ぎる」

簡単に失神するように見えた僕は、ずっとそのようなイメージを持っていた。

プロの世界に入って、ジョーさんと初めてお会いしたのは、1998年頃だ。第一印象を今でもはっきり覚えている。

「ごつい……」

そのカラダは、子どもの頃に見ていたイメージと大きく異なっていた。スキンヘッドの頭は思っていたより大きく、骨太なごつい手をしていた。ふくらはぎなどはトップアスリートのように、こんもりと盛り上がっている。とても当時69歳のおじいさんには見えなかった。

僕が子どもの頃に受けていた弱々しい印象などどこにもなかった。おそらく周りにいた外人選手などが大きかったため、TVでは小さく華奢《きゃしゃ》に見えたのだろう。

僕が全日本に入った頃のジョーさんは、レフェリーを引退し、外人担当をやっていた。移籍したばかりの僕は、〝外敵〟として全日マットに上がっていたため、外人選手用のバスで移動し、宿舎も同じであった。

「フォーオクロック」(明日は4時出発)

ホテルに到着し、バスを降りる外人選手たちへ翌日の出発時間を告げるのは、ジョーさんの仕事だった。翌日、僕は外人レスラーのことだから時間に遅れてくるだろうと勝手に思い込み、集合時間ギリギリに部屋を出ようとのんびりしていた。

そこに……。

「ハリーアップ」(早くしろ)

ゲーリー・オブライト選手が、あわてて僕を呼びに来た。なんと外人選手たちは、とっくにバスに乗り込んでいたのである。大御所のスタン・ハンセン選手までしっかり乗っていたものだから焦りに焦った。

Uインター時代には、酔っ払って問題を起こすなど素行が悪かったゲーリー選手に、注意される日が来るなんて夢にも思わなかった。この更正ぶりは、一体どういうことなのか？

その答えは、ジョーさんとの会話で明らかになった。

「ホテルに入る時、試合後だからと上半身裸のままの選手もいてよ。きつく叱ったことがある。当たり前のマナーをしっかりと教え込んだよ」

確かに全日本ではロビーなどを、タンクトップ姿でウロウロする外人選手を見かけることはなかった。なるほど、時間厳守もジョーさんの教育の賜物だったのである。ジョーさんは、外人選手の教育係でもあったのだ。

そんなジョーさんに、試合のアドバイスをもらったことがある。それは、僕が全日本のリングに上がりはじめて、まだ日が浅い後楽園ホールでのことだ。

「そっち（垣原）の試合のことだけど……あんな風に殴り合うだけより、もっと技を出すような試合を、馬場さんは望んでいるはずだよ」

ゆっくりとした穏やか口調で語りかけるジョーさんの言葉だけは、まだ尖《とん》がっていた時期の僕でも素直に聞き入れることができた。外人選手たちが、ジョーさんの言葉に耳を傾けたのも頷《うなず》ける。

2000年、全日本マットが分裂を起こし、新しく旗揚げしたプロレスリング・ノアにジョーさんも移った。しかし僕は、すぐにノアマットを去ることとなった。

突然の退団でもあったため、僕は選手ひとりひとりに電話をかけ、最後の挨拶をした。当然ながら、快く思っていない選手も多かった。5秒で電話を切られてしまった相手さえある。

さすがの僕も、気持ちが落ち込んだ。そんな時、ジョーさんに電話をかけたのだ。

「この世界は狭いから、また、どこかで一緒にやることもある。（辞めることは）気にすることはない。きっと必ずまた会えるさ」

ジョーさんのこの温かい言葉に、どれほど助けられたかわからない。

レスラーの引き際——小橋建太

「えっ！　小橋さんが解雇？」

フェイスブックで、このことを知ったのは2012年12月4日の夕方だった。

東スポの1面にデカデカとこの記事が出ていたようだが、それがアップされていたのである。反響は大きく、プロレス関係者の間では、たちまちこの話題で持ちきりとなった。

「一番の功労者なのにクビはないよな」

早速、プロレス関係の知人が僕に連絡してきた。

一部では「引退する」というウワサまで飛び交っていた。事の真相が、その時点ではわからないだけに僕もヘタなことは言えなかった。

「9日の両国大会で、本人から直接ファンへ報告がある」

プロレスリング・ノアの田上明社長からの言葉通り、それを待った。

そして9日、小橋建太選手の口から現役引退が発表された。

小橋さんは、この年の2月に左頸骨を骨折するなどして、欠場中だった。ここ数年、誰の目からも満身創痍であるのがわかるほど欠場を繰り返していた。45歳を迎え、年齢的に無理が利かなくなってきている。さしもの〝鉄人〟も気力や根性だけでは乗り切るのは難しかったのだろう。

僕が、小橋さんと試合で初遭遇したのは、1998年の2月だ。

僕は全日本プロレスのリングに上がり、日本武道館で小橋・秋山準組と対戦したのだった。ジャイアント馬場さんが健在だった頃の全日本は、シリーズの最終戦を武道館で行なうことが多かった。

全日ファンの盛り上がりの凄さに、僕は地に足がついていないような不思議な感覚に包まれた。まるで体がフワフワと浮きそうなほど圧倒されたのだ。Uインター時代、何度も武道館での試合を経験していたが、これまでとは比較にならないほどのパワーを観衆から感じた。リングの上で、それほどの感覚に陥ったのは、後にも先にもあの日だけかもしれない。

当時、三沢光晴選手、川田利明選手、田上《たうえ》明選手、そして小橋さんの4選手は四天王と呼ばれ、ここに秋山選手を加えた5強で繰り広げられる極上のプロレスは、熱狂的な信者を多く生んでいた。

いつも大きな話題で紙面を賑わす新日本プロレスに対して、全日本は試合の中身で勝負をしていたのである。そこに〝外敵〟である僕や高山善廣選手が、鎖国を解禁した全日本に乗り込んだことでファンはさらに熱くなったのであろう。

血気盛んだった僕は、全日本スタイルなどお構いなしにバシバシ相手を蹴り飛ばしていったのだが、これを真正面から受けてくれたのが小橋さんだった。

Uスタイルと王道プロレスは水と油ほどの違いがあり、試合は噛み合わないと思われていたが、うまい具合にスイングしたのは間違いなく小橋さんのおかげなのだ。その後、僕が全日本所属になってからも小橋さんと試合することは多く、四天王の中では断トツにシングルマッチも数多くやった。

小橋さんの技は、〝青春の握りこぶし〟と呼ばれていた頃から魂がこもっていて、一発一発がとても重かった。特に必殺技であるラリアットは強烈そのものであった。これをやられると毎回、頭を強打し、意識が飛ぶのである。

この頃の全日本プロレスは、軽い脳震盪などは日常茶飯事だったように思う。我慢比べと揶揄されてもおかしくないほど、危険な技のオンパレードだったのだ。

その極みは三冠戦である。特に三沢さんと小橋さんとのそれは、目を覆いたくなるほどのシーンの連続であった。セコンドについて見ていると、たびたび目をつぶってしまっている自分がいたほどだ。レスラーから見てもヤバイと思える場面が多かったのである。

いつだったか、小橋さんがエプロンサイドから場外へ向けて大技を決行したことがあるが、これには本当にヒヤッとさせられた。三沢さんもお返しとばかりに同じような技をしかけていた。相手選手との絶対的な信頼関係がないとできないことである。

しかし、いくらタフであっても所詮は生身の人間だ。巡業が終わり、オフに道場へ行くと、そこにはボロボロの小橋さんがいた。体のあちこちが痛いのか、まるでロボットのようなぎこちない動きをしていて痛々しかった。

歩き方はすり足状態で、ヒザも相当悪そうだった。道場で上半身を鍛えているのはよく見かけたが、脚のトレーニングをやっているのは、あまり見た記憶がない。

やってもレッグエクステンションのマシーンぐらいで、バーベルを担いでのスクワットなどはやっていなかった。

練習の鬼と言われた小橋さんがやらなかったのだから、よっぽど酷い状態だったのだろう。これが10年以上も前の思い出なのだから、それから現役を続けたのが不思議なぐらいだ。07年には腎臓ガンを克服し、リングにカムバックした小橋さんだが、25年もの選手生活の間に蓄積された傷は、もう限界に達していると思われる。

コミッショナーなどの制度がないプロレスほど、引き際が難しいジャンルはない。特に集客力のあるトップ選手ともなれば、なおさらだ。多くのファンが小橋さんの復帰を待ち望んでいたのは十分承知だが、命以上に大切なものはない。

僕は06年、頚椎ヘルニアを理由に34歳の若さで引退した。

今でも未練がないと言ったら嘘になる。だが、その選択は間違っていなかったと信じている。

プロレスラーとして年間130試合をこなせなくなったら、もう身を引くべきなのだ。

第4章

ファイターたちのマル秘ファイル③

——新日本プロレス編

極まらない神秘——アントニオ猪木①

「オイ、もっと本気で締めてみろ」

僕は渾身の力で「アキレス腱固め」をかけてみるのだが、全く極《き》まる気配がなかった。

「ありったけの力でやれよ。遠慮するな」

声の主はあのアントニオ猪木である。

2002年6月、ロサンゼルスの道場で行なわれた1カ月に及ぶ武者修行での出来事であった。

「なぜ……なぜ極まらないのだろうか?」

手首の骨の硬い部分で、猪木さんのアキレス腱の部分を確かにガッチリ捕らえていたはずだった。

入門後、間もないような未熟な若手選手ならともかく、僕は当時、もう10年以上のキャリアがあった。しかもかつてはUWFに所属していたのだから、関節技は不得意ではない。むしろこのアキレス腱固めは得意中の得意であった。

Uインターの頃に先輩から初勝利を挙げたのもこのアキレス腱固めだったくらいだ。それも実力者の安生洋二選手からである。

そんな自信の技が、なぜ極まらないのか？

そう言えば、一ファンだった頃に読んだ雑誌に「猪木の関節はダブルジョイントで出来ていて、関節技は決まらない」などと、にわかに信じがたい記事を目にしたことがあった。

その真意を確かめるのは今がチャンスとばかりに、僕は猪木さんへの遠慮や手抜きは一切頭になかった。

「次はスリーパーホールドをかけてみろよ」

猪木さんは僕に命じてきた。

ひどく馬鹿にされたような気がして、僕は少しカッとなった。スリーパーホールドは首の頚動脈を絞める技だから、いくら痩せ我慢しても必ず落ちてしまう。アキレス腱固めと違い、極まってしまえば自分の意思とは関係なく必ず意識が飛んでしまうのだ。

僕は自分のプライドを賭け、遠慮することなく万力のような力でグイグイ締め上げた。しばらくすると猪木さんの顔は真っ赤になっていくものの、タップすることはなかった。

「脱力してポイントをずらしているから極まんねぇよ」

そんな馬鹿な……。僕はどこか釈然としないまま、目の前の現実を受け入れるしかなかった。

本当に種も仕掛けもないマジックショーを見せられた感じだった。

モハメド・アリとの異種格闘技戦をはじめ、数々の伝説を残した男の底なし沼のような〝凄み〟を体感できたのは貴重な体験だったと思う。

北朝鮮、恐怖の夜——アントニオ猪木②

「そう言えばカッキーは、北朝鮮に行ったことがあるよね？」

２０１１年、金正日総書記が急死したニュースを一緒に見ていた中西学選手に尋ねられた。

この言葉に、僕はすっかり忘れていたあの出来事を思い出すこととなった。

04年9月。アントニオ猪木会長の指令を受けた中邑真輔選手、長井満也選手、成瀬昌由《まさゆき》選手、柳澤龍志《りゅうし》選手、そして僕を含めた5名で、北朝鮮へと乗り込んだ。

目的は、テコンドーの国際武道大会に参加するためである。当初は、向こうのテコンドー選手との異種格闘技戦が予定されていたが、現地に到着してから二転三転し、結局は身内同士での試合を行なうこととなった。

プロレスの試合へと変更になったのは良いが、いつものようなリングがあるわけではなく、テコンドー用の硬いマットが敷かれた上で戦わなくてはならなかった。

「投げ技とかヤバイなぁ……」

僕たちが一番恐れていたのは怪我である。もし大怪我でもして入院することにでもなったら、この場所にひとり取り残されてしまうのだ。

「帰れなくなったらマズイよね」

僕たちは顔を見合わせた。北朝鮮と言えば、真っ先に思い浮かぶのは、日本人拉致事件である。今もなお解決されていない拉致問題こそが、この国の不気味さを象徴しているように思う。すでに玄関口である空港からして様子がおかしかった。いきなり全員の携帯電話を、帰国する日まで没収されることになったのだ。次に驚いたのが、ホテルだ。外国人専用の高麗ホテルは、平壌で一番のホテルと聞いていた通り、45階建てのツインタワーで立派であった。最上階には、360度回転するレストランまである。

高級なわりには、何故か部屋へ続く廊下などには、電気が点いてなくて真っ暗だった。これはどの階も同じであるから故障というわけではない。そうかと思うと、部屋はオートロック式なのだ。

「もし開かなくなったらと思うと不安で、滞在中ずっと物を挟んで閉まらないようにして寝ていました」

中邑選手は、思いっきり警戒していた。

部屋に入ると明らかに違和感があった。なんと壁一面が鏡張りなのである。どうしてここまで必要なのかと疑いたくなるほど部屋は鏡で埋め尽くされていたのであった。

実はマジックミラーとなっており、外から監視しているという情報を後日聞かされた。この時は、そんなことを知らないものだから、シャワーを浴びた後、全裸でシャドーボクシングをやったりしたのだから恥ずかしい。

とにかく僕たちへの監視は徹底していた。ホテルの中ばかりにいるのも退屈だと思い、建物を出ようとすると、たちまち監視の者とおぼしき人物に捕まり、戻るよう促された。日本では考えられない閉塞感で息が詰まる日々であった。

肝心の試合の方は、心配していた怪我もなく、全員が無事終えることができ、ホッとした。だが、試合後、高麗ホテルの地下にあるカラオケバーで選手と現地スタッフ数名で打ち上げがあり、ここで〝事件〟が起こった。

はじめは機嫌よくカラオケを熱唱していた猪木さんだったが、段々と酔いが回ってきたのか「闘魂ビンタ」が炸裂し始めたのだ。僕たち選手へはもちろんのこと、日朝関係なくビンタ祭りとなったから始末が悪い。ついにはヘッドロックやコブラツイストまでやり始め、収拾がつかなくなってしまった。

「おい、そこに寝ろ」

猪木さんに指示されるがまま、僕は仰向けになるとスタンディングのアキレス腱固めをやられた。

「イテテテ……」

ケガをしたくはない僕はすぐにタップをしたのだが、次の瞬間、目から火花が散った。

「ボコッ」

鈍い音と共に頭部に強烈な痛みが走った僕は、一瞬何が起こったのか全く理解できなかった。

〝キーン〟という耳鳴りがして、頭がクラクラした。

しばらくして、上になっていた猪木さんから蹴られたことを知った。それも革靴で蹴られたのである。僕のスキンヘッドの側頭部には、くっきりと蹴られた足痕が残っていた。

この日、試合より何より一番効いたのが、この猪木さんにやられた革靴でのアリキックであった。無防備な体勢でやられただけに、一歩間違えれば危なかった。病院に運ばれたら、自分ひとり帰国することができなかったのだから、今考えるとぞっとする。

そういえば滞在期間中、猪木さんはよくこんな冗談を言っていた。

「おい、こっちに1年ぐらいいたら、日本に帰ったらスターになるぞ。誰か残る奴はいないか？　ムフフッ」

まさか僕に放ったアリキックは、北朝鮮に残留させるための一撃だったのだろうか？

「おっかねえ……」

北朝鮮より危ないのは、酔っ払った時の猪木さんかもしれない。

キレさせたのは僕——長州力

「長州さん、キレてないですか？」

「キレてないですよ～！」

お笑いタレントの長州小力さんのこの言葉を聞くと、対抗戦を闘ったあの日のことを無性に思い出す。

1995年に犬猿の仲であった新日本プロレスとUWFインターの対抗戦が勃発した。このありえない対決の仕掛け人は誰であろう、あの長州力選手であった。

新日本プロレスは、格闘技スタイルを突き詰めていたUWFインターをこき下ろす発言を繰り返し、挑発していた。

僕はUWFインターの看板を背負い、先頭に立って闘う決意をしたのだった。初戦では佐々木健介選手を撃破し、その勢いで連勝街道を突っ走り、ついに長州力さんと東京ドームでの一騎打ちが決まった。

「オレをタックルで倒したら、勝ちでいいですよ」

マスコミに向けて、こうコメントしていた長州さんに対して、我らUインターの若手陣は憤りを感じていた。

「どこまでも俺たちを馬鹿にしてんなぁ」

しかし実際、長州さんのアマレスでの実績は輝かしく、オリンピックに出場を果たしている。いくら普段の試合は観客を意識したファイトスタイルとはいえ、腕っ節には自身があると彼は言いたいようだった。

それまで、僕は打撃主体のスタイルであったため、タックルはあまり得意ではなかった。

「ここは一丁、タックルで決めて、赤っ恥をかかせてやるしかないな」

僕は翌日からタックルの基本を学ぶため、良いコーチがいると聞いていたアメリカンスクールのレスリング部で練習に没頭した。

正直、プロである自分が高校生と一緒にレスリングを学ぶことに恥ずかしさはあった。でも、そうまでしてもタックルにこだわり、長州さんの鼻を明かしたかったのだ。

そしてついに東京ドームでの一騎打ちの日を迎えた。

思い起こせば、中学の卒業文集に「長州力を倒してトップを走ってやる」などと書いていたぐらいだから、長州さんは大目標でもあったのだ。

こんな大舞台で闘えるなんて……僕は武者震いした。

ゴングが鳴り、僕は積極的にタックルを仕掛けていった。

だが、長州さんの体は大木のように微動だにしない。

「まるで足から根っこが生えているような強靭な足腰だ！」

僕の付け焼き刃のタックルなど、あっさりと蹴散らされてしまった。

今振り返ると海千山千である長州さんの「俺をタックルで倒したら勝ちでいい」というコメントに、過剰に反応したところで、もうすでに負けていたのだ。

頭に血が昇り、普段のファイトスタイルを捨てたところで勝負があったというわけだ。

それならばと、僕は試合途中に作戦を切り替え、普段体に染みついている掌底や蹴りを繰り出した。

彼の顔面に、一発、二発といい蹴りが入った。

すると長州さんの顔が一変した。

明らかに感情的な表情に変わり、息使いも荒くなった。

そして、小さくドスのきいた声で「この～ガキ」と呟《つぶや》いた。

次の瞬間、僕の頭がタンコブだらけになるほど、頭突きを打ち込まれたのだった。

その後、試合はあっけない幕切れとなった。

翌日の新聞に長州さんのコメントが載っていた。

「確かにいいのをもらったから、キレたことはキレた」

何も残らなかった試合だと自分では落ち込んでいたが、長州さんをキレさせることには成功したようだ。

僕は「キレてないですよ」が口癖の、天下の長州力をキレさせた男なのである。

故郷・新居浜での深イイ話――木村健悟①

ラリアートという技はプロレス技の中で、最もポピュラーである。

走りながら自分の二の腕の部分を相手の首にぶつけるという単純な動作でありながら、派手であるため、つなぎ技として使用する選手が多い。

だが、腕を足に変えて行なう「レッグラリアート」の使い手は、木村健悟選手以外にはいなかった。

腕と違って足を使うため、どうしても当てるタイミングが難しいからなのだろう。

木村さんは、オリジナル技としてこのイナズマ・レッグラリアートをフィニッシュホールドとしていた。

しかし当の木村さんもマスターするのに随分と苦労されたようだった。

とある試合で相手の鎖骨に当たってしまい、骨折させたことがあると聞いたことがある。プロレスの試合では、相手を欠場まで追い込む怪我をさせることをよしとしないのだ。その影響なのか相手の胸板にしか当たらない低空のイナズマ・レッグラリアートを、ＴＶ中継で見ることが多くなった。

ジャンプしながら動いている相手の喉元に命中させるのは、やはり難易度が高いのだろう。

しかし、藤波辰爾選手とのライバル抗争が始まった頃のイナズマ・レッグラリアートは、ズバリと首元に的中するようになっていた。人差し指を出しての〝予告稲妻〟はとてもかっこ良かった。そんな姿をサッカー界のスーパースター、元ユベントスのデル・ピエロ選手も子どもの頃によく観ていたそうだ。

イタリアでも放送をしていたのだから、昭和の新日本プロレスの勢いは本当に凄まじかった。

僕が中学生のある日、木村選手が、僕の住んでいる愛媛県の新居浜市にサイン会にやって来ることになった。実は木村選手とは同郷なのだ。「木村チェーン」というスーパーマーケットの主催で行なわれるそのサイン会を、僕は指折り数えて待った。

ちなみに同じ名字だが「木村チェーン」とは親戚などではないらしい。

プロレスラーになることしか頭になかった僕は、このチャンスを逃すまいとワクワクしながら当日を迎えた。プロレス好きの兄を誘い、サイン会が終わるのを待って、木村選手に会いに行くことにした。サイン会が終わった後の方が、ゆっくりと話をする事ができると思ったからだ。

サイン会が終了し、勝手に控室を訪れた。そこには肩幅が広くTVで見るのと同じ木村健悟選手がいた。僕は木村選手を前にとても緊張していた。そして開口一番とんでもないことを口走ってしまった。

「あの~僕、UWFに入りたいのですけど、レスラーになるにはどうすればいいですか?」

新日本プロレスの選手である木村選手に対し、よりによって敵対している団体のUWFに入りたいと言ってしまったのだ。

冷静に考えると、とんでもない話である。しかし木村選手は、僕に向かってこう口を開いた。

「UWFにいる前田や高田は、もともと新日本にいた奴らだし、彼らは凄くいい選手だよ」

僕が直立不動で聞いている姿を、兄は少し離れたところから見ていた。そこまでも緊張が伝

同郷の先輩からイナズマ・レッグラリアートを伝承。本家の木村健悟さんがセコンドに付いてくださった引退試合

わっていたという。

「UWFに入れるよう全力で頑張れ。もしも何かあった時は、俺のところに連絡して来い」

そう言ってポケットから名刺を出して僕に渡してくれた。

「あ…あ…ありがとうございます！」

僕は予想しなかった展開に、感動が込み上げてきた。

「なんて心の広い人なんやろねぇ。これこそが本物のレスラーの姿やろ。なあ兄貴！」

僕は家までの帰り道、自転車に乗りながら、兄にこの止まらない興奮を延々と語り続けたのだった。

30年近くたった今も、木村選手から戴いた二つ折りの名刺は、僕の大切な宝物である。

稲妻伝承――木村健悟②

木村健悟選手に励ましの言葉をかけてもらってから数年後、僕は本当にＵＷＦに入門することができた。今思うと木村さんに強く背中を押されたことが、その後に良い結果を生んだのかもしれない。プロの選手から「頑張れ」と言われ、頑張らない男などいないからだ。

それにあの出会いから自分は特別なのだという、妙な自我が目覚めたのも事実であった。良い意味での自信をもらったのだ。

デビューして数年経った頃、団体対抗戦で木村さんのいる新日本プロレスと闘うことになった。もしや対戦できるのでは、とウキウキしたものだったが、残念ながら木村さんとの対戦は叶わなかった。

それからの僕は流木が如く、さまざまな団体を渡り歩いた。

そしてついに大国・新日本プロレスのマットに漂着し、入団する運びとなった。ここで再び木村さんと接触することとなったのだ。

一プロレスファンだった頃、自分の田舎である新居浜市で木村さんに名刺をいただいてから、実に15年の月日が経っていた。ここまで紆余曲折ありながら再び辿り着いたのは、もう運命以外の何ものでもない。そう思った僕は木村さんにある思いをぶつけた。

シャイニング・イナズマ・レッグラリアート（木村健悟さんのイナズマと武藤敬司選手のシャイニング・ウイザードのミックス技　2005年）

「木村さん、イナズマ・レッグラリアートを使ってもいいですか？」

正直、ムッとされるのを覚悟で頼んでみた。木村さんは一瞬のためらいもなく「いいよ」と即答してくれた。

新日本プロレスで純粋培養された選手ではない僕に対し、いとも簡単に使用を許してくれたのは同郷のよしみなのだろうか。やはり木村健悟というお方は器が違うのだ。

それからの僕は、見よう見真似で稲妻レッグラリアートを試合中繰り出すようになった。だが、やはり甘くはなかった。相手とのタイミングが計れず、なかなかうまくはいかないのだ。

相手の顔面に当たるのを見かねた木村さんに「喉元だよ。顔面ではない」とよく注意された。僕はうまくいかない日々に苛立ちを募らせていた。

そんな中、木村さんと初めてタッグを組む機会に恵まれた。２００３年3月7日の新潟市体育館で行なわれる試合である。

実はこのシリーズで木村さんの引退が決定していた。残された時間はあとわずかである。僕はこの日、同じコーナーに立ちながら木村さんの妙技を盗もうと必死だった。

試合中、イナズマにいくとみせかけてのキッチンシンクをたびたび繰り出していたのが絶妙であった。じらすことで、観客の期待感を膨らませているのだろう。

イナズマという技を大事に使っているのが、コーナーにいる僕にまで伝わってきた。

試合の大きなヤマ場で突然、木村さんが僕をリングに呼び寄せた。

「垣原、ダブルの稲妻いくぞ！」

僕は無我夢中で木村さんのタイミングに合わせ、イナズマ・レッグラリアートを繰り出した。

木村さんに誘導してもらったお蔭で、今までの中で最高の「イナズマ」が出せた。

それに何より一緒にイナズマを出せたことがうれしくて仕方なかった。

興奮した僕は、試合後のリング上で木村さんに向かって、あるお願いをした。

「木村さん、僕が稲妻を受け継ぎます。ですから木村さんの着けているそのイナズマ・サポーターをください。お願いします」

突然の要求に少々ビックリしていた様子だったが、しっかりとイナズマ・サポーターを手渡してくれた。

観衆の見ている前で正規に伝承された歴史的瞬間であった。少し大袈裟だが、リング上でなければ本当に泣いていたかもしれない。

03年3月23日、シリーズ終盤戦の尼崎市記念総合体育館での試合で、今度は木村さんと対戦することが決まった。

僕はいただいた稲妻サポーターを着けて、神妙な面持ちでリングに上がった。

これが木村さんと対戦できる最初で最後の試合だと思うと、胸にこみ上げるものがあった。

感傷的な気持ちを引きずったまま試合が流れていき、終盤に差し掛かった頃、「イナズマ！」という木村さんの声がした。

次の瞬間、木村さんのイナズマ・レッグラリアートが僕の喉元に食い込んでいた。

まさに国宝級の絶妙なタイミングであった。

僕は、3カウントを聞きながら〝稲妻伝承〟の重みをしっかりと噛みしめていたのだった。

同郷の先輩である木村健悟さんに有形無形の宝物をいただき、僕は本当に幸せ者だと思う。

真の強さとは？——藤波辰爾

「優しさの中にこそ強さが詰まってるものだよ」

中学の頃、社会科の越智先生にそう言われたことを思い出した。

当時、強さばかりに憧れていた僕にとって、優しさという単語はあまりピンとこなかった。

プロレス中継を見ていてもＵＷＦの選手にしか目が向かなかったのも、強さがストレートに伝わってくる攻撃的なスタイルからだった。

相手の技を受け、相手を光らせるスタイルである藤波辰爾選手などは、強い選手には映らなかった。

特にＴＶ番組に出ている藤波選手は優しすぎるように見えて、レスラーとして何か物足りなさを感じたものだった。

そんな藤波さんと試合で対戦する機会に恵まれた。

１９９６年６月26日、名古屋レインボーホールであった。

僕は高田延彦選手と組み、藤波さんは藤原喜明選手と組んだタッグマッチ戦であった。

やはり受けのスタイルであった藤波さんに対し、僕は遠慮なく蹴りまくった。

後に「カミソリのようなキレがある蹴りだった」と言って下さったが、僕には受けてばかりの藤波さんの印象は薄かった。

それから数年が経ち、僕が新日本プロレスに入団してからの札幌興行でのことである。

当時、総合格闘技の試合にも出場し、勢いのあった安田忠夫選手と、藤波さんのシングルマッチが目玉の一つであった。

僕は自分の試合を終え、トレーナールームでアイシングをしていた。そこに顔面が血だらけの男が入ってきた。試合を終えた藤波さんだった。

僕はその顔を見て度肝を抜かれた。

「うわ～鼻が曲がっています！」

試合中に安田選手のパンチが鼻を直撃したのだという。トレーナー陣は皆、顔を真っ青にして駆け寄ってきた。

鼻血が尋常ではない出方をしていて、藤波さんの体中がみるみる血だらけになっていく。トレーナー室の床は、まさに殺人現場のような血の海である。藤波さんの鼻が折れているのは、誰の目からもわかった。

後輩である安田選手にこんな大怪我をさせられたのだから、さすがの藤波さんも機嫌が悪くなるのではと心配になった。

しかし当の本人はケロッとした顔で「よかった。よかった。これで安田が光ったでしょ」と相手のことを悪く言うどころか、この怪我で試合が盛り上がったことを心底喜んでいる様子だった。

「信じられない！」

僕はハンマーで頭を殴られたような衝撃を受けた。

自分なら怒り狂っているだろう。

この時、越智先生の言っていたあの言葉を思い出した。

「ああ！　本当の強さとは、なるほど……」

そのあまりに雄大な〝優しさ〟という壁によって、僕は藤波さんの強さの部分を見落としていたのだった。

情けない。本当に情けない。僕は上っ面の強さばかりに憧れていたのだ。

優しくみえる藤波さんの中には、とんでもなく大きな強さがギューと詰まっていたのだ。

優柔不断に見えるところも今なら、弱さからくるものではないとハッキリと断言できる。

それからの僕は、得意なモノマネの中に藤波さんが入るぐらいのドラゴンフリークとなった。

破壊王に破壊された日――橋本真也

「あれ～!?　おかしい。視界が変だ。まるで鏡が割れているみたいに見える……」

１９９５年10月28日、国立代々木競技場第一体育館での試合の出来事だ。

橋本真也選手のチョップを目に喰らった僕は、その後のありえない見え方に困惑した。

厳密に言えば、首筋に当てる袈裟切りチョップをよけた僕の目に、たまたま橋本さんの指が入ってしまったのだ。

試合で鼻血などめったに流したことはないが、この時ばかりは目の奥から鼻へとドロドロと血が溢れ出てきた。

試合はまだ終わっていないため、複数に見える橋本さんと闘わなくてはならなかった。ただでさえ体重差のハンディがあるというのに……。目の痛みに堪えながら闘い続けた。

この大会は、Uインターと新日本プロレスの対抗戦第二弾として注目され、代々木場第一体育館を満員札止めにしていた。怪我で、試合をストップするわけにはいかなかった。

目の負傷から距離感のとれない僕に〝ドスーン！〟というもの凄い衝撃が走った。橋本さんの重爆キックが、僕の胸板をとらえていた。

「うぅ〜！　衝撃が目にくるよ」

ダンプカーが突っ込んできたのかと思うほどの当たりであった。130キロを超える体重から繰り出すのだから威力は当然すごいわけだ。

しかしそれは体重のせいだけではない、キックを正しい軌道で蹴っているため脚にうまく体重が乗っているからなのだ。空手仕込みの本物の蹴りであった。

試合はタッグマッチであったため何とか相手のパートナーから勝利を奪った。

こんな大怪我をしたものの、この試合が対抗戦の中で一番面白かった。というのも当時若手で無名だった僕を、新日本プロレスのトップ選手はうまくあしらっていた中で、橋本さんだけが真正面からぶつかってきてくれたからだ。

格下相手の僕に対して、全力で闘い、そして光らせてくれようとしていたのが、ヒシヒシと伝わってきた。

試合が終わればノーサイド。試合後すぐに僕の怪我を聞きつけ、心配して控室まで来てくれたそうだ。

後日、検査に行ったところ、眼下底骨折の重症であった。僕は対抗戦の期間、試合を休みたくなかったので手術はしなかった。そのため右目の眼球が下に落ち込んだ状態で、今でも右上を見ると焦点が合わない。しかし橋本選手と全力で闘った名誉の負傷なのだから全く後悔などはしていない。

宿命のレスラー――佐々木健介

「兄貴、やっぱりレスラーは見習いの人でも、でかいね」

「そうだな。練習生でもガタイが違うな。太ももなんてハンパなくでかかったな」

僕は中学生の頃、大のプロレスファンである兄と、地元愛媛の今治公会堂や隣の香川県にある高松スポーツセンターへ全日本プロレスをよく観戦に行った。

なぜ全日本プロレスばかりなのかというと、兄がスタン・ハンセンの大ファンだったからだ。

当時、僕は「プロレスラーになりたい」という意識が芽生えていたせいか、目につくのは選手よりも練習生の方ばかりであった。

ジャイアント馬場を筆頭に、体のサイズのでかいレスラーが揃った全日本プロレスはまさに怪物の集まりに見えた。

とても俺なんて無理だな……。観戦後はいつもため息ばかりであった。

そんなある日、新日本プロレスを初めて観戦する機会に恵まれた。

いつものように試合より練習生が気になって見ていたところ、ある若手選手に目が止まった。

佐々木健介選手である。

練習生がいないためか、一番下っ端の佐々木選手がセコンドや雑用などをこなしていたのだが、体を見てビックリした。

中学生の僕と背丈も同じぐらいで、決して体も大きくなかった。

「よっしゃ！　あいつでもできてんやから、俺も絶対レスラーになれる」

生まれて初めて絶対プロレスラーになれると確信を持てた瞬間であった。

それから10年後、新日本プロレスとＵＷＦインターナショナルの対抗戦での大舞台で、この選手と一騎討ちすることになろうとは夢にも思っていなかった。

１９９５年10月９日。

僕ははじめての東京ドームでの試合に、少々緊張気味で長い長い花道を歩いた。

リング上で彼と対峙した時、当時の面影が全くないほど見違えるような凄い体になっていて驚いた。彼は、日本人レスラー屈指のパワーファイターに変貌していたのである。

僕とは二回りは違うほどの体格差があった。昔、彼の体を見てレスラーになれると思ったのが信じられない。

凄いのは体だけではなかった。実は今だから話せるが、この試合で一番驚いたのは健介さんが放った「ミドルキック」であった。

あの高田延彦選手の蹴り以上に重たく、ビビッてたじろいでしまった。

それに僕の得意分野である打撃の領域に入ってきたのにも、正直面食らった。

闘い以上に、観客を常に意識して闘っているところにもカルチャーショックを受けた。UWFの時の自分はここまで観客のことを考えたことがなかった。

この試合は間違いなく、僕のレスラー人生を変えた試合になったと思う。

その後、UWFで育った選手の中で、総合格闘技の試合に出ないでプロレス畑にどっぷり漬かっているのが、僕だけであることからも明白である。

それほどまでに〝プロレス〟というものを僕の体に刷り込んでくれたのが彼なのだ。

この試合で何よりも大きな収穫だったのは、ただの伏兵だった僕が新日本でトップだった彼に勝利したことにより、一気に全国区の顔になれたことだ。

僕にとってはまさに出世試合である。

17年のレスラー生活で今でもファンの方に言われるのは、東京ドームでの健介戦なのだ。

あの田舎の会場で、健介選手を見て、勝手にプロレスラーになれると勘違いしたのが始まりで、こうしてファンの印象に残る試合までやることができた。もしかしたらこれが〝宿命〟だったのでは、と思う。

文字どおりの侍――エル・サムライ

毎年5月～6月の時期に、新日本プロレスの名物シリーズ『スーパージュニア』が行なわれる。

スーパージュニアとは、100キロ以下であるジュニアヘビー級の選手による、総当りのリーグ戦で一番を決める、1年に一度のジュニアの祭典である。

毎年、ジュニア選手たちはスーパージュニアで優勝するため、目の色を変えてこの大会に臨む。ジュニアのカリスマ・金本浩二選手などは「毎年このシリーズに照準を当てて1年を過ごしている」と発言しているほどだ。

ヘビー級に隠れがちなジュニアヘビー級の選手にとって、主役のシリーズなのだから、気合が入らない選手などいないだろう。ただ、このシリーズはとにかく過酷なのだ。連日シングルマッチが続き、2週間に及ぶシリーズ最終日に決勝戦が行なわれる。その頃の選手たちの体はもうボロボロだ。

そんな過酷なスーパージュニアに、毎年、連続出場していた凄い選手がいる。

〝ジュニアの巨人〟エル・サムライ選手である。年々レベルが上がり、若い選手が増えてきている中、出場し続けるのはかなりキツイはずなのだが、マスク越しからはその表情は読み取れない。

寡黙であまり自己主張をしないエル・サムライ選手の、その名の通り〝侍〟ぶりを示すエピソードがある。

毎回試合前に、選手たちは故障箇所があるとテーピングをしてもらいにトレーナー室に集まる。そして試合が終わるとアイシングをしたり、治療やマッサージなどを受けたりする。そうしないと2～3週間にも及ぶ長いシリーズを乗り切れないからだ。

しかし、サムライ選手だけはトレーナー室で一度も姿を見た事がない。20年以上のキャリアのある選手だから古傷は当然あるだろう。それに試合では相手の技を壮絶に受けることもしばしばで、控え室でマスクをとると顔面がアザだらけだったりする。

「サムライさん、今日の試合で危険な角度で落ちましたけど大丈夫でしたか？」

そう聞くと、しゃがれた声でボソッと「大丈夫」とだけ答えるのだった。ある試合では途中から明らかに意識が飛んでいるはずなのだが、最後まで平然と闘い続けていた。

「途中から（意識が）飛んでいましたよね？」

すると同情はいらないとばかりに、小さく頷くだけであった。

相手の技の失敗でこのような事態が起こるのだが、サムライ選手から対戦相手への不平や不満など一度も聞いたことがない。一切泣き言や不平不満を言わないサムライ選手の評価が、ファンの間では意外に低いのが残念だ。

ヒザが悪いのはレスラー病ともいえるが、サムライ選手も例外ではない。

ある試合の前、ヒザに血がたまって腫れているのを見かけた。この足で試合はキツイだろうなと思いながら見ていたが、いつもの動きとまるで変わらない素晴らしい試合をしていた。

「サムライさん、あの足であんなハードな試合して大丈夫だったのかな？」

試合後、サムライ選手のヒザを心配した若手選手と控室を覗きに行くと、なんと悠々とタバコを吸っているではないか！　まるでタバコが最高の治療薬とばかりに優雅に煙を吐き、一向にトレーナー室には行こうとしないのだ。

この光景を見て同じ生身のレスラーとは思えなかった。その後も、試合でどんな怪我をしても、トレーナー室でサムライ選手の姿を見たことは、僕が新日本プロレス在籍中、一度もなかった。こんなレスラーは後にも先にも出会ったことはない。

ケツ攻撃一筋——越中詩郎

越中《こしなか》詩郎。

2007年、このいぶし銀のプロレスラーが、お茶の間で大ブレークした。

きっかけは、お笑い番組『アメトーク』だった。ケンドー・コバヤシを筆頭にお笑い芸人たちが集まり、越中選手を面白おかしく語り、それがプロレスを知らない若者たちに大受けしたのだ。越中選手の口癖の「やってやるって」が流行語大賞をとるのではと思うほど凄いフィーバーぶりであった。

プロレスファンであった僕は、越中選手といえば、やはり高田延彦選手との「名勝負数え唄」と呼ばれた一連の激しい試合を思い出す。

高田さんの容赦のないキックを体全体で受け止める全力ファイトから、「侍魂」「サムライシロー」といったニックネームがついた。

そんな彼の得意技は、〝侍〟というイメージからかけ離れた妙な技である。なんと自らのお尻を相手にぶつける「ヒップアタック」という技を得意としているのだ。

やり方は相手の頭を掴み、腰の高さで固定して自らのお尻を小刻みに当てるといったものから、相手をロープに飛ばして戻ってくるところをくるっと背を向けジャンプしてお尻を当てるといったジャンプ式まである。

またトップロープから飛び降りながらお尻を当てるといったバリエーションもあり、変幻自在にケツを操った。まさに〝ケツ職人〟である。

体の中で一番やわらかい部分を駆使するその技を初めて見た時、僕は冗談かと思った。普通、相手を倒す場合は体の中で硬い肘や膝、拳などの部分を使って攻撃するものだ。一番硬い骨である頭蓋骨を使った頭突きなどは、反則になるほど危険なのである。

なぜ、お尻なのだろうか？　ブラウン管に流れてくる試合を見ながら疑問に思っていた。

「あんな攻撃は効かんやろ？」

「そうそう。やられとる選手はきっと演技にきまっとる」

友達と彼のファイトを見ながらそんな会話をしていた。

中学生だった僕は、説得力のないその技を半分小バカにしていたのだった。

「ケツは本当に効くのか？」という長年の謎を解く日が訪れたのは、僕がレスラーになってから6年目の時だった。

Uインターと新日本プロレスの対抗戦の最中に、越中選手との対戦が組まれたのだ。場所は日本武道館――。

「シングルマッチだから越中さんと思いっきり闘える。ケツにわくわくするなぁ～」

僕の言葉に、近くで聞いていた若手選手はギョッとした顔で僕を見た。

ゴングが鳴ると〝わがままな膝小僧〟と呼ばれた高田さんのように、遠慮なく越中さんを蹴りまくった。

すると彼も反撃に転じてきた。

そして、ついにケツ攻撃である。

「それを待ってました～」

お尻が僕の顔面に飛んできた。

「か……硬い‼」

ガチガチの硬いお尻に僕は悶絶し、軽い脳震盪《のうしんとう》の状態に陥った。

「嘘じゃない。ケツ攻撃は本当に効くんだな」

痛みをこらえながらも長年の疑問に答えが出て、凄くうれしかった。

空手などの鍛錬で拳やスネを鍛えると硬くなるように、お尻もまた使い続けるとダイヤモンドのように硬くなるのである。

追悼〝ミスター新日本〟――山本小鉄①

2010年8月、信じられないニュースが飛び込んできた。

――新日本プロレス顧問・山本小鉄、死去――

「2週間前に両国の会場でお見かけした時は、いつもと全く変わりはなかったのに……」

僕は言葉を失った。

真っ先に脳裏をよぎったのは、小鉄さんのこの言葉だった。

「ハードな練習をやると、免疫力が落ちるから風邪などひきやすい。汗をかいたらカラダが冷えないようにするんだぞ」

レスラーたる者、商売道具である肉体を大事にしろ。それが小鉄さんの教えだった。体調管理においては、どのレスラーよりも神経を尖らせていた印象がある。どこに出かけるにも、汗をかいたら着替えられるよう、ウェアを用意しているともおっしゃっていた。

それだけに、どうしてこんなことになったのか……。

僕が新日本プロレス所属になった時、小鉄さんはすでに還暦を過ぎていた。しかし、毎日のように道場に顔を出し、筋トレに励んでいた。ダンベルを好んで使っていたが、扱う重量は、現役レスラーも顔負けであった。

「K－1の魔裟斗なんか、もの凄い練習量だと聞く。プロレスラーが練習量で負けてどうする！」

選手を集めては、こう熱弁をふるっていた。

「とにかくレスラーは練習しなきゃダメだ！」

これが小鉄さんの口癖であった。

プロレスラーとしてのプライドは、誰にも負けていなかった。いや、厳密には新日本プロレスの人間としてのプライドである。

小鉄さんは、新日本プロレスの中でさまざまな顔を持ち、その影響力たるや他の追随を許さなかった。選手やレフェリーとしてリング上で活躍した後、TV解説や道場のコーチなど裏方としても新日マットを盛り上げた。特に実況の古舘伊知郎氏とのコンビによる解説は、新日本黄金期に大きく貢献したと言っても過言ではないであろう。

小学生の頃からプロレス中継を見ていた僕は、小鉄さんの説得力のある解説が好きだった。、『ＪＳＰＯＲＴＳ』の放送で、小鉄さんとダブル解説したのは、夢のようなひとときだった。プロレスの解説は、誰がなんと言おうと小鉄さんに勝る人はいないのだ。

また、鬼軍曹と呼ばれた道場のコーチ時代にも、小鉄さんはその手腕をいかんなく発揮した。前田日明、高田延彦、蝶野正洋、武藤敬司、橋本真也などの名レスラーを数多く育て上げたのだ。

話術だけでなく人材育成の才能にも長けていた。亡くなる直前まで、ＩＷＧＰ実行委員として、68歳とは思えないパンパンに張った筋肉をスーツに包み込んでリングに上がり、威勢のよい言葉でタイトルマッチ宣言を行なっていた。

まさに陰となり日向となり、新日本プロレスを旗揚げから38年間も支え続けた偉人である。人生すべてを新日本プロレスに捧げた、まさに〝ミスター新日本〟だった。

06年に僕が引退した頃から、同じＩＷＧＰ実行委員として会場で会うと小鉄さんは必ず声をかけてくれた。

「新しい仕事のクワガタ体操の方はどう？」

「あ、ミヤマ☆仮面のことですね。子ども向けのトレーニング教室も頑張ってやっています」

すると小鉄さんの熱弁がスタートした。

「クワガタ虫の動きを取り入れた練習メニューを、絶対に入れるべきだ。こう四つんばいになってだな〜」

身振り手振りで、そのアイデアを伝授してくださった。いつもトレーニングについて考えている証拠である。

「垣原、その教室で俺に時間をくれないか」

なんと小鉄さんは子どもたちだけではなく、その親たちにも講演をしてくださるというのだ。これは家族のあり方を考える、良いきっかけにもなるはずだ。

小鉄さんの家族思いはマット界では有名である。僕も道場でちゃんこを食べながら小鉄さんの口から奥様や娘さんの話を何度となく聞いた。

「今でも奥さんとは手をつないで寝ているよ」

恥ずかしがることもなく公言するところが、かっこよかった。家族愛が失われつつある現代社会にカツを入れようと思っていたのだろう。

「お金なんていらないからね。ボランティアで大学なんかでも話をさせてもらっている。日本をよくしていくためには、どこにでも行って話をするよ」

あの天下の小鉄さんが、我が教室にまで来てくれる。大先輩からこのような打診があるなんて、夢にも思わなかった。

もちろん、断る理由などはないのだが、わざわざ相模原まで来ていただくのに少ない人数では申し訳が立たない。僕は生徒の数が増えるよう、いろいろと策をとっている矢先だったのだ。

2010年8月28日。

もう、小鉄さんのあの威勢のいい声を永遠に聞くことができなくなってしまった。新日本の礎を築いた最大の功労者を失ってしまったのである。本当に残念でならない。

選手ならびに関係者には、小鉄さんが理想としていたストロングスタイルのプロレスをぜひとも守り続けてもらいたい。

小鉄さんに殴られた稔――山本小鉄②

「オレの話を聞いて意見があるヤツは言ってみろ」

それは2004年の8月のことだ。山本小鉄さんの怒声が道場内に響き渡った。当時、新日本プロレスは大きな危機を迎えていた。選手たちが道場に集合をかけられ、そこへ現場を退いていた鬼軍曹のお出ましとなったのだ。

選手たちは、鬼軍曹の説教を前にすっかり小さくなっていた。

「山本（小鉄）さんが言っていること、僕は違うと思います」

だが、唯一、異論を唱えたのが田中稔選手であった。新日本創設者のひとりである小鉄さんと、現場で新日本を守っている稔選手の意見は、真っ向からぶつかり合った。

お互い新日本プロレスを愛するがゆえの衝突なのである。そこにいた僕には、自分の意見を大先輩の前で、堂々と発言する稔選手の姿が実にかっこよく思えた。しかし、これが後に大事件を引き起こすきっかけとなったのである。

この日を境に、小鉄さんの稔選手へのあたりがキツくなった。試合後などに注意を受ける姿を、しばしば見かけるようになった。

「理不尽な注意をされて頭にきますよ。テレビの解説でも僕のことを悪く言い出すし、あのことを根に持ってますよ」

稔選手は、僕に小鉄さんへの不満をぶちまけた。

この状態が数年もの間続くうち、二人の仲はどんどん悪くなっていった。稔選手は、会っても挨拶をしなくなり、小鉄さんもあからさまに嫌悪感丸出しの態度をとった。

もともとバトラーツという小さな団体に所属していた稔選手は、その頃から持ち前のプロレスセンスを小鉄さんから高く評価されていた。新日本プロレスに移籍してからは、道場でアドバイスをしてもらう場面も多く、そこには、いつも優しく声をかけてくれる小鉄さんの姿があったという。とにかく小鉄さんに、目にかけてもらっていた選手だった。

そんな関係だった二人が、あの道場での一件から険悪なムードになってしまったのだ。

小鉄さんに対してだけでなくプロレス自体に嫌気がさしてきた稔選手は、激しい攻防や白熱した試合を見せることよりも観客を笑わせたり、イジったりする方向に走っていった。

「笑わせる試合でも、とりあえず盛り上げているからいいでしょ」

その姿は、半分投げやりで、ヤケクソにも見えた。

小鉄さんは、新日本スタッフを通し、稔選手を再三注意していた。ストロングスタイルにこだわる小鉄さんは、その一線は絶対に譲れないのである。それでも稔選手は、敢えて大先輩を無視して、スタイルを崩さなかった。

そして、08年5月、Ｚｅｐｐ仙台の会場で、事件は起こった。

この日、第一試合に登場した稔選手は、ジュニアらしい動きでしっかり魅せた上で、また観客をいじり倒し、笑わせる試合をしていた。この様子をＴＶ解説のためリングサイドで見ていた小鉄さんの顔が、みるみる紅潮していった。

稔選手としては、観客が盛り上がり、いい感じで終えられたと思ったのだろう。控室に戻ると気分良く帰り支度をしていた。そこに鬼軍曹の登場である。

「お前もっといい試合やれよ！　バカヤロー」

頭ごなしに怒られたことで、我慢がならなかったのだろう。稔選手は、つい小鉄さんに言い返してしまった。

すると、その瞬間、ドスッという鈍い音が聞こえた。小鉄さんのパンチが稔選手の顔面をとらえたのである。

納得のいかない稔選手は反省するどころか、反抗した態度のままバスに乗り込んだ。そして翌年の09年1月、さまざまな事情が重なり、新日本を退団することを決意した。

契約最後の試合の日、稔選手は、迷わずTVスタッフの控室へと歩を進めた。そこには、解説のために来ていた小鉄さんが打ち合わせをしていたからだ。

「山本さん、ちょっとお話がありまして、お時間をいただけないでしょうか?」

鬼の形相をしながら小鉄さんは、関係者スタッフを全員外に出し、2人だけで話せるシチュエーションを作った。

稔選手は、小鉄さんに退団を伝えた上で、5年間の生意気な態度をすべて謝った。さらに、これまでお世話になったお礼を告げたそうだ。

すると一瞬にして小鉄さんはギクシャクする前の、あの優しい顔に戻ったのである。

「新日本を辞めて、ちゃんと食えていけるのか。お前には、家族がいるんだろ?」

小鉄さんは稔選手のことを本気で心配し、社会でやっていく上でのいろいろなアドバイスを熱心にしてくれたという。

「どこの団体でやるにしても頑張れよ。また、大きくなって新日本(のリング)にも上がればいいんだ」

そう言うと、稔選手の手を両手で強く握り締めたのであった。

僕は、この話を稔選手本人から聞き、とても羨ましい関係だと本心から思った。稔選手が、素の小鉄さんとまさに裸でぶつかり合うような体験をしたからである。親子ほど歳の差がある二人だが、本気でプロレスを愛する者同士だからこそ、ここまで熱い関係になれたのだと思う。

10年9月3日。山本小鉄さんの告別式があった。

会場に早く着いた僕は、お手伝いのスタッフをのぞいて一番乗りかと思っていた。

「前田日明さんと坂口会長が、もう中にいらっしゃいます」

さすがに大先輩のお二人の中には入っていけず、外で他の選手を待っていた。

すると次にやってきたのが、稔選手であった。

「新日本を辞める時に、もし和解していなかったら一生後悔していたと思います。そもそも山本さんにあんな態度を取るべきではなかったと、今更ながら深く反省しています」

そう語った稔選手の活躍を天国の小鉄さんは、きっと誰よりも見守ってくれているだろう。

真のタイガーマスク運動とは――タイガーマスク（4代目）

「いや〜、もう5千万円ぐらいのお金を使いましたよ」

新日本プロレスのタイガーマスク選手（4代目）は、会うなり僕にそう言ってきた。

２０１０年末から11年にかけて、漫画『タイガーマスク』の主人公である伊達直人を名乗った者からのプレゼントが、児童養護施設に届けられていた。

ランドセルからはじまり、文房具やお菓子、そしてなんと現金１００万円が届けられた施設までであるというから驚きだ。

彼が発したのは、このような「タイガーマスク運動」を踏まえての、冗談である。

連日、メディアに取り上げられている、このタイガーマスク運動は今やすべての都道府県に広がりを見せている。しかし、実際のタイガー選手は、今回の騒ぎに少々困惑しているようだった。

「僕は10年ぐらい前からボランティアで児童養護施設を回っているのですが、これだけメディアが騒いでいると逆にやりにくくなりますよ……」

タイガー選手は、プロレスの巡業中であっても、時間が合えば養護施設に足を運ぶ。子ども好きのタイガー選手にとって、施設は自らが癒される場でもあるという。それだけに、これほど話題になると、施設を回っていることが売名行為に見られるのを危惧しているのだ。

実は、僕も児童養護施設を回っていた経験がある。きっかけは、福利協会に勤務する知人のこの言葉だった。

「施設には、身寄りのない子どもだけでなく、親から虐待を受けた子も少なくないのですよ」

僕は父親の名字を名乗ってはいるが、離婚した母親の元で育てられた。恥ずかしい話だが、父親は酒を飲むたび、家で大暴れをしていた。幼い頃の僕は、これをガタガタと震えながら見ているしかなかった。あの頃を思い出すたび、今でも心臓を握りつぶされるようなつらい感情が蘇ってくる。

このような家庭環境だったこともあり、養護施設の子どもたちに寄せる思いがあったのかもしれない。

その知人は、僕の顔を覗きこみ、こう呼びかけた。

「もし、興味があれば一緒に面白いことをやりませんか？」

数カ月後、その知人から虎ならぬ鳩のマスクを手渡された。

「えっ‼　なぜ鳩……？」

神奈川県福利協会のマスコットキャラクターが鳩だったのである。その名も「ポッポくん」だ。なんとマスクだけではなく、全身コスチュームにマントまでついている。

その知人は、僕が養護施設の子どもたちに興味を抱いたことを察知して、なんと衣装を用意してくれたのだった。僕もこの完全なるコスプレ状態にテンションが上がった。

「これで、神奈川県内の養護施設を回って、子どもたちに元気を与えましょう！」

ボランティアというよりも、僕自身が楽しめるからスタートしたのが、そもそもの出発点であった。

00年7月、ポッポくんに扮していろいろと回っているうちに、川崎市にある児童養護施設にたどり着いた。あのタイガーマスクの原作者である梶原一騎氏が、幼少の頃に入所していたという新日本学園である。おそらく漫画に出てくる「ちびっこハウス」は、こちらがモデルだったのではないだろうか。

鳩のキャラクター“ポッポくん”に扮して福祉活動

新日本学園は、なんと昭和11年に開所し、戦後の混乱期には戦災孤児や浮浪児を収容したそうだ（当時は東亜学院と称す）。

「当時の子どもは皆、犯罪少年のようなものですよ。でもね、時代が悪かったんだよ。盗みや悪いことをしなければ食べていけないいんだもん。その時は思ったよ。豊かな社会になれば、悪い子なんていなくなって養護施設も必要なくなるのに、とね」

こう当時を回想していたのは、園長の島田武三先生（現在は勇退）だった。

戦後間もない頃の学園の写真を見せてもらいながらのお話は、十分に説得力があった。島田先生自らが撮影したというモノクロの写真には、背筋を伸ばし、昼食を待つ子どもたちの姿があった。テーブルには、たった一つのお椀の中にサツマイモらしきものがあるだけだった。

物が豊かになった現在だが、親からの虐待という新たな問題で、養護施設はなくなるどころか増え続けている。

このように養護施設の歴史や、時には人生の指針になるような含蓄あるお話を先生方から聞けるとあって、施設回りは僕自身が人間として磨かれるための修行の場になっている。

「タイガーマスク運動」について、タイガー選手は、最後にこう付け加えた。

「このような心温まる慈善活動は、ホント素晴らしいことだけに、一過性のものではなく、ずっと続いてもらいたいですね」

10年以上、養護施設のボランティアをしているタイガー選手の言葉だけに重みがある。

タイガーマスク運動は、決して物をプレゼントするだけのものではないと思う。心に深い傷を負った子どもたちと、少しでも関わりを持とうとする温かい気持ちこそが何より大切なのだ。

素手で闘った大勝負――成瀬昌由

「垣原さん、僕の試合の時に一緒に入場してもらえませんか?」

2013年、かつて新日本プロレス時代に同じ本隊で共闘していた成瀬昌由選手からこのような要請があった。

成瀬選手は、06年に新日本プロレスを退団してから一度も試合を行なっていない。そんな彼が沈黙を破り、7年ぶりに上がるのはプロレスではなく総合格闘技の舞台であった。

元々、前田日明選手の立ち上げたリングスでデビューしたこともあって、総合の方が肌にあっているのかもしれない。

しかし、年齢は40歳（当時）。しかも総合での試合が10年ぶりというのが気がかりだった。

それに今回の試合は、グローブを装着しない素手で殴りあうルールなのである。

「前田さんに試合をすると伝えたら、〝おまえ、アホか〟って怒られましたよ」

成瀬選手は、こう言って受話器越しに笑っていたが、前田さんでなくても反対して当然だ。

年齢や久しぶりの試合という点もさることながら、対戦相手が〝関節技世界一〟といわれる菊田早苗選手であればなおさらだ。復帰戦で百戦錬磨の男とケージ（金網）で闘うなんて、無謀としか思えない。しかも素手だけでなく、肘攻撃や踏み付けもありという過酷なルールなのだから危険極まりない。

「僕は、伊達や酔狂でこのルールを選んだのではなく、ブランクのある自分が菊田選手を相手に少しでも勝つための戦略として、グローブより素手だと思ったんです」

つまり、成瀬選手自身は、冷静に分析した上での選択であったというのだ。

「それと……自分自身に嘘をつき続け、ファンを裏切って来たことへの贖罪《しょくざい》として、どうせやるなら思いっきりアクセルを踏んでリミットを振り切ったことをやろうと決意したんです」

過酷な試合に出るのは、償《つぐな》いの意味も込められていた。歴史が好きな成瀬選手の言葉を借りれば、切腹するほどの覚悟で臨むのである。驚きとともに、ここまで本音で語ってくれたことがうれしかった。僕はこれらの話を聞き、彼の試合を絶対に見届けなければならないと強く思った。

10月27日、場所はディファ有明。菊田選手の総合格闘技ジム『GRABAKA』が主催するこの大会は、昼間にアマチュアの試合があり、プロの試合は5時からのスタートであった。

客席で試合を見ていた僕は、メインの菊田戦まで、あと2試合というところで控室へと向かった。ナーバスになっていることが予想されるだけに少々気が重かったが、思い切って扉をノックした。

「垣原さん、中へどうぞ！　よかったらセコンド全員でこのTシャツを着て入場してください」

明るいトーンの口調で、成瀬選手自らが中に招き入れてくれた。とてつもない緊張感に包まれていると思いきや、控室の中はリラックスムード。こちらが拍子抜けするほどだった。

考えてみると久しぶりの試合とはいえ、成瀬選手は20年以上のキャリアを誇るベテランである。かつて、大晦日の試合『K-1 PREMIUM 2003 Dynamite!!』では、K-1の大巨人、ヤン・ザ・ジャイアント・ノルキヤ選手を破ったこともあり、大舞台に物怖《ものお》じすることもないのだ。

今回、成瀬選手のセコンドには、〝世界のTK〟こと高阪剛《こうさかつよし》選手をはじめ、山本宜久《よしひさ》選手、長井満也選手、金原弘光選手、山本喧一選手、伊藤博之選手と元リングスの選手が勢ぞろいした。

「リングス出身じゃないのは、オレだけじゃん」

僕は周りを見渡し、苦笑いした。

しかし、和やかな雰囲気もここまでであった。メインイベントの煽《あお》りVTRが会場で流されると一気に緊張感が高まった。

「うお～～！　うお～～！　うお～～！」

突如、成瀬選手は大声を張り上げて、迫りくる恐怖を打ち消そうとしていた。いくらベテランといえども、拳での初めての試合は不安なのだろう。

僕たちは全員で円陣を組み、士気を高め、彼を戦場へと送り出した。ケージに入る直前、成瀬選手はセコンドの一人一人と固い握手をした。

この時、成瀬選手の目を見て、僕はハッとした。覚悟を決めた男の目をしていたからだ。

「これは試合などではなく、果たし合いだ……」

少し大袈裟だが、これから殺し合いを行なうような、そんな雰囲気さえ感じたのであった。

ゴングが打ち鳴らされるとピリピリとした緊迫感が会場を支配した。まるで真剣を手にしたような、何ともいえない張り詰めた空気にセコンドの僕でさえ、その場から逃げ出したいほどであった。あの薄いグローブがないだけで、こんなにも違うのである。

「危ない！」

一発のパンチが命取りになるだけに、ジャブすらもハラハラする。うまく打撃をかわすとすぐさま組み合ったものの、やはりケージの使い方を熟知している菊田選手が、テイクダウンさせて上をキープした。

何とか反撃の糸口を見つけたい成瀬選手ではあったが、マウントをとられてしまい、上からむき出しの拳や肘の洗礼を受けた。頭蓋骨を叩く音が、セコンドのいるところまで聞こえてくる。僕は、自分が殴られているような錯覚にとらわれ、声が出なくなった。

最後は、菊田選手の得意の関節技、腕ひしぎ逆十字が見事に決まった。試合タイムは、2分25秒。終わってみれば菊田選手の完勝であった。

やはり、ブランクを埋めることは容易ではなかった。幸い両者ともに大きな怪我はなくホッとしたが、一番近い場所で試合を見届けた感想としては、拳での闘いはやはり、危険過ぎると感じた。

闘った本人は、どう思ったのだろうか？「あまり綺麗ごとは言いたくありませんが……」と前置きした上で、成瀬選手は今回のルールの試合の感想を述べてくれた。

「やった人間として矛盾しているかも知れませんが、このようなルールは簡単にやるべきではないと思います。やるとしたら最低限として、格闘技を野蛮なものとしてではなく武道として捉え、武を道として考え、しっかりと心技体を修める覚悟のある者同士が同意の上で闘うべきだと思います」

真剣に闘った者だからこそ言える言葉である。素手での闘いには、ファンにも賛否両論あるだろう。ただ、道を極めた2人のスリリングな激突は、闘いの原点を見るようで魔性の輝きに満ちていた。

カッキーカッター伝承——田中稔

「垣原さん、お久しぶりです」

声の主に目をやると新日本時代の同志、田中稔選手であった。まさか博多のゴールドジムで再会を果たすなんて夢にも思っていなかった。

2014年11月15日、現在、武藤敬司選手率いる『レッスルワン』所属の稔選手は、この夜、博多スターレーンで試合があるため、トレーニングに来ていたのだ。僕の方は、マリンメッセ福岡で開催されたキャンピングカーのイベントで、九州に滞在していたのである。

「実は……垣原さんにお願いがあります」

稔選手の依頼は、なんと僕の必殺技である「カッキーカッター」を使わせて欲しいとのことだった。

カッキーカッターは、自分のニックネームを付けるほど一番思い入れのあるオリジナル技なのである。この技があったからこそ、新日本在籍時にジュニアの祭典『スーパージュニア』で、優勝を成し遂げることができた。

「カッキーカッターを使ってくれる選手が現れたことを心からうれしく思いますよ」

僕は、この提案を手放しで喜んだ。

稔選手は、あの獣神サンダー・ライガー選手が天才レスラーと認めるジュニアのトップ選手である。打撃や関節技をベースに空中殺法まで使いこなすオールラウンドプレーヤーだ。そんな選手が僕の技を使ってくれるなんて光栄過ぎる。

彼には僕の引退試合の時、ミヤマ☆仮面のマスクを贈呈してくれた恩もある。同い歳であり、古巣は同じU系。今年でデビュー20周年を迎えた経験豊富な選手でもあり、カッキーカッターを継承するのに、これ以上ふさわしい人物はいない。断る理由など見つからない。

「今夜の試合、ご招待しますので、ぜひとも観に来て下さい」

稔選手の誘いで僕は約10年ぶりにプロレス西の聖地・博多スターレーンへと足を運んだのだった。

リングから一番近い良い席を用意してくれたのだが、これには理由があった。公約どおり、試合でカッキーカッターをお披露目した稔選手は、試合後、僕のところへ来てガッチリと握手し、観客へアピールしたのだ。

「マスコミの囲み取材にもご同行お願いします」

そのまま彼と控室まで行き、正式にカッキーカッター伝承の旨を記者へ伝えたのである。

試合後、彼はツイッターで以下のように呟いていた。

〈本日の博多大会で垣原さんから「カッキーカッター」そして奥の手「トルネードカッター」を正式にいただいた☆トルネードの方はオカダのレインメーカーみたいと思われたりするかもだが垣原さんは2001年から使ってるからな♪　とにかく大事に使ってくぜ。垣原さんありがとうございました〉

今の時代、ツイッターやフェイスブック、ブログがあるから情報が伝わるのが早い。このツイッターを見た娘から早速連絡が来た。娘も「かっきー」のニックネームで活動しているだけに、その反響にうれしそうだった。

技を伝授してから約3週間後の12月7日、大阪で『EWPインターコンチネンタル選手権』のタイトルに稔選手が挑戦した。さすがに大阪ということもあり、応援に行けず、もどかしかったが、試合後にうれしいメールが届いた。

〈最後はトルネード式のカッキーカッターでベルトを獲りました。これからもこの技を大事に使わせてもらいます〉

僕は自分のことのように喜んだ。シングルでのベルトに縁がなかった僕は、まるでベルト奪取の疑似体験をしたかのような幸せな気分を味わうことができた。『週刊プロレス』でも大きな記事になっていたので、これまた感激であった。大文字でカッキーカッターと掲載されているのを見ると何とも言えない気分になる。

さて、チャンピオンとなった稔選手は、ゆっくり休んでなどいられない。早速、防衛戦を行なうため、2週間後にはなんとドイツへと旅立った。このベルトは、もともとドイツ発祥のようだ。

現在もヨーロッパのプロレスは、ボクシングのようなラウンド制が残っている。僕は経験したことはないが、この試合形式には非常に興味がある。それにヨーロピアンスタイルのレスリングも地味だが大好きだ。イギリス出身の師匠であるビル・ロビンソン先生から〝キャッチ・アズ・キャッチ・キャン〟と呼ばれるレスリングを教わっていたからだろう。

それにしても海外のリングでラウンド制のタイトルマッチを行なえる稔選手は、とても良い経験をして羨ましい。12月20日、ドイツのハノーバーで、マイケル・コバッチ選手の挑戦を受けた稔選手だが、見事防衛を果たした。ラウンド制に慣れたベテラン選手を退けたのだから、その勢いは本物である。

ぜひ、これからは応援に駆けつけ、カッキーカッターの完成度を確認したい。武器が増えたプロレスの天才・稔選手の今後の活躍に目が離せない。

第5章　ミヤマ☆仮面、誕生！

マスクマン願望

2006年夏、プロレスを引退した僕は、「ミヤマ☆仮面」という昆虫キャラクターのマスクマンに変身し、子どもたち向けの昆虫イベント『クワレス』を生業とし、動き出した。このクワレスというのは、クワガタのレスリングである。つまり本物のクワガタ同士が闘う競技なのだ。

「プロレスを辞めたのに、何故マスクマン?」

「そもそも現役の頃は素顔でファイトしていたのに、どうして引退してからマスクを被るのか?」

多くの方からこんな疑問の声が届いた。

その答えは、ずばり! マスクマンになるのが、夢だったからなのだ。実は何を隠そう、僕は子どもの頃からマスクマニアだった。

現役の頃はUWFのイメージが強いせいか、マスクを被らせてはもらえなかった。その鬱憤《うっぷん》が引退してから爆発したのである。

幼少の頃、〝千の顔を持つ男〟ミル・マスカラスが、リングに上がり、オーバーマスクを観客席へ投げる姿に衝撃を受けた。マスクの上にマスクを付けているなんて、まるで漫画のよう

森とクワガタを愛する昆虫ヒーロー、ミヤマ☆仮面

であるが、その姿がとにかく格好良かった。そのオーバーマスクがもの凄く欲しかったのを今でもよく覚えている。

マスクマンこそが、プロレスを100倍面白くしていると思うのだが、その魅力から抜け出せなくなったきっかけは、1980年代に現れた「マシン軍団」である。当時、目と口の部分が開いていないデザインのマスクはとても不気味で斬新であった。

「どうやって息しとんのかな？　見えとんかな？」

僕は友人とプロレスの話になると、いつもこの話になった。

マシン軍団は次々と同じマスクの選手を増殖させ、まるでアメーバの細胞分裂のようであった。あの古舘伊知郎さんは〝戦う金太郎飴軍団〟と絶妙な表現をしていた。

マシン軍団がマット界を席巻し始めた頃、ある事件が起こった。

このマシン軍団の1号が、後のスーパーストロングマシンなのだが、この選手に対して対戦者である藤波辰巳（現・辰爾）選手が言ってはならない言葉を放ってしまったのだ。

「おい、おまえヒラタ（平田）だろ？」

なんと藤波選手は、この謎のマスクマンであるスーパーストロングマシンの正体を明かしてしまったのだ。前代未聞の暴露劇に観客も唖然となった。

この発言の意図するものは一体何だったのだろうか？　約30年経った今でも謎である。いつの日か藤波さんに直接聞いてみたい。しかしこのタブー発言は、後にプロレス界の流行語大賞となるのだからなんとも皮肉なものだ。

こんな事件があったものの、僕のマシン選手への憧れの気持ちは揺らぐことがなかった。ついには、このマシン選手のマスクが欲しくなり、プロレスショップの通販で「マシン特製マスク」を買ったこともあった。

本当は選手と同じ「プロ使用マスク」が欲しかったのだが、2~3万円もするので中学生のお小遣いでは買うことができず、格安のマシン特製マスクを購入したのだった。

そのマスクを被り、友人と陸上の走り高跳び用のマットの上で、日が暮れるまでプロレスごっこをするのが日課となっていた。

マスクを被るとまるで別人になれたような錯覚を覚えるから不思議だ。

「よ~し！　マシン選手の必殺技『魔神風車固め』で今日も3カウントとるけんね」

僕はマスクを被り、完全にマシン選手になりきっていた。

プロレスラーになって、そんな憧れのマシン選手と対戦し魔神風車固めを食らった時は、痛さよりうれしさが勝っていた。そして対戦しただけでなく、マスクまでいただいた時は天にも昇る気持ちだった。子どもの頃に手に入らなかった〝プロ使用のマスク〟に大興奮した。それも本物中の本物のマスクなのだから！

「ありがとうございます。一生の宝にします」

僕は自分が選手なのも忘れ、子どものように飽きもせずに毎日マスクを眺めて喜んだ。

マシン選手との一番の思い出は僕の引退パーティーの時だ。

その引退パーティーにマシン選手も駆けつけてくれて、なんと僕がやっているクワガタバトルのクワレスに参加してくれたのだった。

マシン選手と同じくパーティーに参加してくれた中西学選手が自分で持ち寄ったクワガタで対決した。この時、中西選手が持ってきた「ヒラタクワガタ」に対してマシン選手が口を開いた。

「おい、おまえヒラタ（クワガタ）だろ？」

クワレスのレフェリーをしていた僕も思わず噴き出してしまった。

マシン選手自身が藤波さんに言われたあの迷ゼリフ（？）をまさか本人の口から聞くことになるとは夢にも思わなかった。

僕は憧れのマシン選手と同じマスクマンのいでたちで、極上の時間を過ごすことができたのであった。

「マスクマン、最高～‼」

気は優しくて力持ち——中西学

ミヤマ☆仮面に変身した当初は、キャラクターとしての知名度がないことやクワレスという馴染みのないイベントのため、オファーはなかなか来なかった。そんな中、初めて舞い込んだ依頼が、デパートで行なわれる昆虫展でのイベントであった。場所は愛知県の豊橋市である。

イベント当日、緊張の面持ちで本番を待っていると、デパート関係者が慌てながら僕の控室に入ってきた。

「あのですね。垣原さんの友人と名乗る、もの凄〜くカラダの大きな方が受付に来ています」

「カラダの大きい人？？？　豊橋にそんな知り合いいたかな？」

とりあえず控室に来てもらうことにした。

「な……中西さん！！！」

そのカラダの大きな人物とは、新日本プロレスの中西学選手であった。

「中西さん、一体どうしたんですか？」

「いや〜、カッキーがイベントをやるって知って、思わず心配で来てしまったんや」

僕は、予想していなかった展開に、しばし頭の中が混乱した。

「わざわざこんな所まで……本当にビックリですよ。」

冷静に考えると関東在住の中西さんが、ふらっと遊びに来られる距離ではない。新幹線を使わないと来られない場所である。

「そんな恐縮せんといてな。名古屋にちょっと用があったからついでに寄っただけや」

僕のあまりの驚きように中西さんは、少し照れくさそうに言葉を返した。

初めてのイベントは、サプライズゲストとして友情出演してくれた中西さんのお陰で、大成功に終わった。僕から頼んだわけではないのに、自らの意思でわざわざ電車を乗り継ぎ来てくれたことに心底感動した。

「カッキー、仕事の方はどう？　なんか力になれることがあったら気ぃ遣わんと言ってな」

このような電話は、途切れることはなかった。引退した僕を中西さんは自分のことのようにいつも心配してくれるのだ。

「俺かて、いつか引退するわけやし、カッキーの姿見て勉強させてもらっているだけや」

巡業など忙しい生活の中で、ここまで気を配ってくれるレスラーは、おそらく世界でも中西さんだけであろう。

そんな誰よりも思いやりのある中西さんに２００９年、ビックチャンスが訪れた。チャンピオン棚橋弘至《たなはしひろし》選手へのタイトル挑戦が決まったのである。

中西選手は、レスリングのオリンピック出場という輝かしい実績を引っさげてプロレス入りしたものの、それまで至宝ＩＷＧＰのベルトには縁がなかった。

日本人離れした強靭な肉体とレスリング仕込みのテクニック、それにバラエティ番組に出演するなど抜群な知名度を誇る中西さんが、なぜベルトを巻けないのか？　これはマット界の七不思議のひとつでもあった。

５月６日、後楽園ホール。この日の試合前は当日券売り場に長蛇の列ができた。この試合へのファンの期待の高さがうかがえる。

「こんな光景を見るのは本当に久しぶりですね」

スタッフの声も弾んでいた。

いつもジュニアヘビー級のタイトルマッチの立会人をしている僕だが、この日は急遽、山本小鉄さんの代わりにヘビー級の立会人を務めることとなった。大役を仰せつかり、全身全霊をかけてやらせてもらうことにした。

試合のゴングが鳴ると満員の観客から、大〝中西コール〟が沸き起こった。この大歓声が、中西さんのタイトル奪取を後押ししているようにも聞こえた。

王者・棚橋選手との一進一退の攻防が続き、試合が佳境に入ると、さらに中西コールが大きくなった。観客の心がひとつになっているのである。

そして、その瞬間はついに訪れた。プロレスの芸術品・ジャーマンスープレックスが棚橋選手に炸裂したのである。綺麗な人間橋を描いているのは中西さんだ。観客は祈るような気持ちでこれを見守っている。

「ワン、ツー、スリー」

レフェリーがマットに3カウントを叩き込んだ。

「やった、やった、勝った〜」

決まった瞬間の会場はもう大興奮である。

中西さんの17年という長い年月を要した記念すべき瞬間なのだから、無理もないだろう。僕も立会人という立場を忘れ、興奮して涙を流してしまった。まさか中西さんが長年憧れ続けたＩＷＧＰヘビー級のベルトを、僕から手渡すことになるなんて夢にも思わなかった。

しかし、これは偶然のめぐり合わせとも思えない。きっとプロレスの神様が粋な計らいをしてくれたのに違いない。この歴史的瞬間に立ち会えて本当に感激した。

中西選手にとって、このベルトは、それまでのさまざまな思いが詰まっている分だけ、ずっしり重く感じるだろう。「前向きになって、また腐っての繰り返しやった」と本人がコメントしたように、ベルト奪取までの17年間は想像を絶する長く辛い道のりだったのだ。

しかし不遇の時代を経験しているからこそ、人一倍思いやりのある選手になったのもまた事実だろう。そんな人間として深みのあるチャンピオンをファンは待ち望んでいたのだ。

昆虫ヒーローの使命

「人間関係でよっぽどヒドイことがあったんだろ?」

天龍源一郎さんが僕に向かってこう話しかけてきた。

ある試合会場の控室でのことだ。僕が田舎に引っ越したことが話題となり、それを聞いていた天龍さんが、話に入ってきたのである。

僕は、2000年、東京から山間の田舎へと家族で移り住んだ。車で首都高速から中央道をさらに進むと高層ビルの街並みからだんだんと自然豊かな風景へと様変わりする。そして、相模湖インターを下りて、さらに田舎道をひた走ると僕の家がある。

見渡す限り山だらけの場所に僕が住むことに対して、レスラー仲間たちは驚きを隠せなかった。

「垣原さん、最寄り駅までどれぐらいかかるのですか？」

田舎暮らしに興味津々だった若手選手が質問してきた。

「車で40分かかるよ」

「マジですか？　歩くことなんてできないですね」

「2時間歩いても半分も行かなかったよ。さすがに疲れてバスに乗ったから正確にはわからないけれど、おそらく5時間ぐらいはかかると思うな」

体力に自信がある若手選手もさすがにこれには絶句していた。

だが、こんな辺ぴな場所へと引っ越した理由は、天龍さんが言ったような人間関係などではない。

僕は、現役の頃から時間を見つけては、クワガタ採集に精を出す根っからの虫好きである。北海道から沖縄、そして離島まで国内の至るところに出没したものだ。そして、国内だけでは飽き足らず、インドネシアのジャワ島やスラウェシ島まで足を伸ばすほどのクワガタ馬鹿なのである。

そんな僕は、あるＴＶ番組に出演していたクワガタ採りの名人の行動に、カルチャーショックを受けた。

「悲しいほど環境破壊が進んでいる。このままではオオクワガタが棲める森がなくなってしまう」

名人は嘆くばかりではなく、なんと自らの手で一本一本クヌギの苗木を育てているのであった。さらにその数を聞いてビックリ‼　１０００本以上だという。

「信じられない数だ……」

クワガタを採ることにだけに夢中だった僕には、まさに目からウロコであった。

名人に興味を持った僕は、もっと詳しい話を聞くため、九州まで本人を訪ねていくことにした。

「人は森と共存共栄してきたのに、いつからか傲慢《ごうまん》になり、森を捨ててしまった」

名人は残念そうに、僕にこう呟いた。

近年、確かに荒廃した里山が多くなったと聞く。

「垣原さんもいつの日か、そっち（東京）でクワガタの森を作ってくださいよ」

この時の名人の言葉が耳から離れなくなった。

コンクリートジャングルの都会に住みながら、ときどき採集に行っている程度で、偉そうに虫を語っていた自分がとても恥ずかしくなった。

この出来事が、僕を田舎暮らしに走らせたのである。ただ、実際に引っ越してみるといろいろな現実にぶち当たり、苦労の連続だった。山を借りて手入れをしたくても、都会から来た者にいきなり山を貸そうという人はいなかった。

そこで地域の活動に積極的に参加し、地主の方と一緒に畑で野菜作りをするなどして、信頼関係を深め、8年かかって念願の山を提供してもらえることとなった。そこを僕は『ミヤマ☆仮面の森』と名づけ、07年の10月から下草刈りなど森作りを始めている。

昨今、地球温暖化や温室効果ガスなどの環境問題を連日メディアは取り上げている。たくさんの企業がエコという言葉を使い、この問題に取り組むようになった。

僕の場合は大好きな虫のために始めたことだが、虫が棲みやすい環境づくりは、人間や動物にも、そして地球にも良いのだ。好きなもののためにやっていることが、エコにつながればこんなに素晴らしいことはない。

長年、人が手入れをし、自然と共存してきた里山こそが、理想的なエコ環境なのである。名人や僕のような虫好きが増えれば、日本中の里山が復活するかもしれない。

これこそが、エコへの近道なのである。

「日本中の子どもたちを虫好きにする」

エコヒーロー、いや昆虫ヒーロー・ミヤマ☆仮面の役割は大きいと自覚している。

進化するクワレス

「お〜、ミヤマ☆仮面も大きく載っているよ」

僕は、『ジャパンペットフェア』のポスターを見て感激した。このジャパンペットフェアは、国内最大規模のペットのイベントなのである。

実は、プロレスを引退した翌年の2007年に呼ばれたのが最初なのだが、この時はメーカーの小さなブースの隅っこでイベントをやらせてもらっていた。個別の控え室などは当然なく、小動物たちと一緒であった。糞尿の臭いが入り混じった空間での食事は拷問にも思えたが、ペット業界でのミヤマ☆仮面は、新弟子以外の何者でもなかったのだ。

もちろん、ポスターに写真が載るなんて夢のまた夢であった。ペットの王道である犬・猫から見ると昆虫など末端の存在であり、厳しい道のりを覚悟していた。

それから5年の歳月が経ち、さかなクンやソフトバンクの白い犬（お父さん）の隣にミヤマ☆仮面の姿がポスターに写っているのだから感激もひとしおなのである。

だが、大々的にポスターに載ったことにより、新たな問題も起こった。なんと動物愛護団体からクレームが来たのである。クワガタを人為的に戦わせる『クワレス』に反応したのだった。これは動物虐待ではないかというのである。

僕は、すぐさま動物愛護団体の理事長とお話しする機会を持ち、クワレスの説明をした。

まずクワレスの目的は、クワガタ本来の姿を子どもたちに見せることによって、虫や自然に興味を持ってもらう点にあることを力説した。さらに、クワレスは僕自身（ミヤマ☆仮面）がレフェリーを行ない、クワガタ虫が絶対に傷つかないようなルールで行なっていることを丁寧に説明した。

理事長は僕があまりにもクワガタ愛に溢れていることに逆に感心し、このクワレスへの批判をすぐさま取り下げてくれた。虫が持っている能力を最大限に引き出すことで、その魅力を子どもたちに伝え、なおかつ虫への安全性を確保しているところを十分に理解してくれたようだった。虫の楽園のための森づくりに取り組んでいる点にも強い興味を示してくれた。

僕は日本、いや世界一クワガタを愛している男なのだから、クワガタを虐待するなんてあり得ないのだ。今回、このような話が出たのは、決してマイナスではなく、クワレスがメジャー化へと一歩進んだ証《あかし》であり、うれしい部分もあった。

僕は、このクワレスをもっともっとメジャーなものにするため、あるプロレス団体を手本にしようと考えた。

それは世界最大のプロレス団体であるＷＷＥである。ＷＷＥは世界１３５か国で放送されているプロレス界ナンバーワンの団体なのだ。

個人的には現役時代、ショー的要素の強いこのアメリカンプロレスを正直、毛嫌いしていたのだが、さすがに世界中で支持されているだけあり、実際に見てみるとわかりやすく面白かった。

特にわかりやすくするために選手のキャラクターをしっかりと確立させているところが素晴らしい。観る者の興味を集める上で、キャラクター性が重要なのは、どのジャンルであれ同じであろう。

特にクワレスには、ここが一番必要なところなのかもしれない。クワガタ虫は、一般の人から見ると色や形に大きな違いがわからないからだ。とはいえ、さすがに人間と違って虫に衣装を着せたり、ペイントするわけにはいかない。この点は大いに悩むところであった。

そんなある時、ふとクワガタを擬人化することを思いついた。イラストなら個性的にいくらでも作ることができる。つまり、本物のクワガタとイラストをリンクさせるのである。

僕は、イラストレーターにそれぞれのクワガタを擬人化してもらうよう依頼をした。そして、それぞれにキャラクター設定も行ない、より個性が引き立つ工夫をした。

かくしてミヤマ☆仮面のクワレスは、エンターテイメント路線へと大きな進化を試みたのである。

12年3月31日と4月1日にペットの祭典である第13回ジャパンペットフェアが幕張メッセで開催された。

会場には数万人が来場し、熱気に満ち溢れていた。サブステージには、大勢の子どもたちが

子どもたちに人気の昆虫イベント「クワレス」

詰めかけ、ミヤマ☆仮面の登場を今か今かと待ちわびていた。

「新たな企画のクワレスは受け入れられるかな……」

個室の広い控室で、僕はドキドキで本番を迎えていた。例年と違い、僕の周りに小動物がいないのも落ち着かなかった原因のひとつなのかもしれない。

「せ〜の、クワガタポーズで、クワクワ〜！」

子どもたちの元気の良い声が響き渡り、いよいよ新しいクワレスが幕を開けた。

クワガタ虫を擬人化したキャラクターには、それぞれ愛称がある。

「ローゼン！　ローゼン頑張れ！」「マンディ〜負けるな」

子どもたちからは早速、大きな声援がクワガタ虫に注がれた。

それに応えるように虫たちも熱い試合を展開したのだった。

「いや〜、ホッとした」

控え室で、マスクに手をやりながら僕は呟いた。

子どもたちのあの弾けるような笑顔が、クワレスの面白さを何よりも証明してくれていた。

とりあえず新しいクワレスは、合格ラインに手が届いたようだった。プロレスで培ったエンターテイメント性を昆虫の世界に投影したクワレスは、小さな歩みながらも成長を続けているのである。

これから更に改良を加え、この『スーパー・クワレス』を完成させたいと思っている。

心優しきマスクマン――ウルティモ・ドラゴン

「あのウルティモ・ドラゴン選手が、クワガタポーズをやってくれたなんてスゴイよね」

プロレス専門チャンネルである『サムライTV』で、2012年9月21日に行なわれたミヤマ☆仮面のプロレスデビュー戦が流れていた。

『ミヤマカッター』という新技で勝った僕は、勝利のポーズとばかりに、「クワガタポーズ」を観客の前で派手にアピールしていた。その時にパートナーであったウルティモ選手に恐れ多くもクワガタポーズを強要したのである。心優しきウルティモ選手は、これに応えて一緒に「クワクワッ」とやってくれたのだった。

このクワガタポーズは、昆虫キャラクターであるミヤマ☆仮面の代名詞的ポーズで、子ども向けのイベントでは必ず会場全員で行なうものだ。

「クワガタポーズをマット界でも広めます」

僕は、試合を前にしてマスコミへ、こう意気込みを語っていた。このプロジェクトは、ウルティモ選手が協力してくれたことで、順調に滑り出すことができたのであった。

考えてみるとポイントポイントで、いつもウルティモ選手がいたような気がする。06年の引退の時もそうだ。

「えっ！　あのマスクマンって、まさかウルティモさん？」

引退セレモニーでの胴上げの時、新日本プロレスの選手に混じって何故かウルティモ選手の姿があった。まさか業界の大先輩に胴上げされるなんて思いもよらなかった。

これまで大きな絡みはなかったが、一度改良前のミヤマ☆仮面のデザインについてアドバイスを貰ったことがある。

「（マスクの）ダメなところ？　正直全部だよね」

ここまでハッキリ言ってくれる人はいなかっただけに目が覚めた。

遊びで作ったマスクではあったが、思い入れが強すぎて欠点が見えなくなっていた。そこに冷水を浴びせてくれたからこそ、カッコ良くなった現在のミヤマ☆仮面があるのだ。

ちなみにこの時は、趣味で作ったマスクで将来、仕事をやるなどとは全く考えてはいなかった。今思うと随分と図々しい質問を〝世界のウルティモ選手〟にしたものだと我ながら呆れてしまう。

11年の9月、秋田の大館市で行なわれた女子プロレスの興行に呼ばれ、ここでウルティモ選手の試合の特別立会人というのをやった（男子はこの試合のみ）。相手が男色ディーノ選手という異色のホモレスラーのため、暴走を止めるべく僕が試合に立ち会うという設定だったのである。

結局、最後は僕もリングに介入し、エンタメプロレスを満喫したのだが、この試合がある意

世界のウルティモ・ドラゴン選手と“クワガタポーズ”

味でミヤマ☆仮面プロレスデビューの布石になったような気がしてならない。

この遠征では、ウルティモ選手と移動から宿泊まで一緒だったため、いろいろとお話することができた。

「せっかくレスラーになったんだから、アントニオ猪木的な生き方をしないとね」

この発言の意図するところは、破天荒なレスラー人生と解釈すれば良いのだろう。

確かにウルティモ選手は、常識破りのレスラー人生を歩んでいる。かつて新日本プロレスの練習生であったが、体が小さいためデビューまでにはいたらなかった。そこで単身メキシコへ渡り、ルチャ・リブレをマスターし、現在の地位を築いたのである。今もメキシコを拠点に世界中を旅しながら、試合をこなしているのだ。

12年11月7日には『ウルティモ・ドラゴン・

デビュー25周年記念』興行が後楽園ホールで行なわれ、満員のお客さんに祝福された。

25年の道のりの途中にはレスラー生命にかかわる出来事もあった。1998年には、なんと手術で肘の神経を損傷するアクシデントに見舞われ、無期限の欠場を余儀なくされたのだ。

しかし、こんな大怪我をしても引退は考えなかったという。その間に選手育成のための団体『闘龍門』を設立し、多くの選手を輩出した。今をときめくレインメーカーことオカダ・カズチカ選手も生徒のひとりなのだ。プレイヤーとしてだけでなく選手をプロデュースする能力も抜群なのである。

25周年興行では引退した諏訪高広さん（SUWA選手）も、師匠のためにマスクを被り、リングに上がった。

「校長（ウルティモ選手）には感謝しかありません。僕たちをメキシコでデビューさせてくれて、当時トップの団体であったアメリカのWCWの舞台までも体験させてくれましたからね」

諏訪さんは、僕にこう話してくれた。キャラクター作りから、さまざまな表と裏を見せてもらえたことが、大きな財産になったようだ。

「特に、井の中の蛙ではいけないと経験することを教えてくれたのが一番大きいですね」

今でも「日本に帰国したよ」とウルティモ選手からメールが来るのがうれしいという。引退後も続く2人の師弟関係がなんとも羨ましい。

ウルティモ選手が、〝猪木的〟なレスラー人生を歩むことができているのは、単に型破りなだけではない。きっと、このように人を大切にしているからこそ、長く愛されているのだろう。

覆面と仮面、2つの歴史

「子ども向けのワークショップに講師として出てもらえませんか?」

プロレスのマスクを工作するという一風変わったイベントを神奈川県相模原市が企画し、元レスラーということで、僕に依頼が来た。イベントで、お子さんや親御さんに向けて、マスクのうんちくを語ってほしいというのだ。

「うんちくというのは、マスクマンの由来などでしょうか?」

僕は現在、ミヤマ☆仮面として活動しているものの、マスクの歴史などを勉強したことはなかった。

僕が、ぱっと思い浮かぶのは、マスク王国のメキシコぐらいだ。先日、何かのテレビ番組で、メキシコのマスクマンであるドス・カラス選手が、メキシコのプロレス『ルチャ・リブレ』は先住民と侵略者との戦いを表現していると語っていた。

良い機会なので、マスクについて、いろいろと調べてみるのも面白いと思った。

「メキシコのマスクマンのことなら(『週刊ゴング』の元)編集長に聞くのが一番かも」

僕は、すぐさま清水勉氏に連絡をとり、ルチャ・リブレについて質問してみた。80年もの歴史あるルチャからなら、きっと耳寄りな情報を聞き出せるに違いない。

「まず、マスクマンの発祥はメキシコではなく、ヨーロッパなんだよ」

開口一番、清水さんの言葉に面食らった。マスクマンのルーツがメキシコではないなんて驚きである。しかもヨーロッパというのも意外だ。

ヨーロッパのレスラーには、〝プロレスの神様〟カール・ゴッチや、〝人間風車〟ビル・ロビンソンを生んだ『蛇の穴』と呼ばれる硬派なランカシャーレスリングのお堅い印象がある。派手なマスクマンとは対極のイメージだ。

そもそもプロレスというジャンルは、アメリカからではなくヨーロッパが始まりという。ヨーロッパから移民したレスラーが、アメリカでプロレスを広めていったというのだ。

「いや～、プロレスの起源を今、はじめて知りましたよ」

僕は、プロレスの歴史にすっかり興奮していた。

「19世紀の後半、フランス人のレスラーがマスクを被って試合を行なったという話があり、これが一番古いというのが最近わかった」

そんなにも昔からマスクマンがいたという清水さんの話に僕は驚きを隠せなかった。1916年、アメリカ人のマスクド・マーベルという選手がマスクを着けたのが最初だと思われていたが、その前にもマスクマンがいたのである。

「今でこそマスクマンはヒーローというイメージがあるが、この頃はそうではなかった。マスクは自分の素性を隠すためのものだったんだよ」

マスクマンを日本では覆面レスラーと呼ぶ。この『覆』の意味を調べてみると「利益を失う、不利益を蒙《こうむ》ることを恐れて、自分が為した罪を隠すこと」とあった。

やはり、覆面レスラーという呼び方には、ヒールとしての役割が込められているようだ。マスクが負の歴史を背負ってきたことに、同じマスクマンであるミヤマ☆仮面として、僕は大きなショックを受けた。

「昔のアメリカは、少し大袈裟だが、州ごとに異国のようであり、レスラーたちは違うキャラクターを演じるためにマスクを被る必要があったんだよ」

善玉と悪役を州ごとに使い分けるためには、マスクは都合がよかったのかもしれない。

日本でのマスクマンの歴史を調べてみると国際プロレスに覆面太郎というプロレスラーがいた。この選手が、日本人マスクマン第1号ということになる。正体は、後にアントニオ猪木選手と抗争を広げることになるストロング小林選手だった。

その後、日本でマスクマンのマイナスイメージを一新したのは、〝メキシコの英雄〟ミル・マスカラス選手が最初かもしれない。小学生の頃、全日本プロレス中継を見ていて、あの空中殺法と華やかなマスクや衣装に心奪われたのを思い出す。

入場の時に被ってくるオーバーマスクを誰もが欲しがった。〝千の顔を持つ〟と言われるほど毎回違うデザインのマスクを被るのもオシャレでかっこよかった。

あの時代、プロレスファンの少年たちは皆、マスカラス選手の虜《とりこ》だったように思う。キャッチフレーズである〝仮面貴族〟というイメージ通りのベビーフェイス（善玉）だった。

そこで気になったのが、この仮面である。メキシコには古代から伝わる仮面文化があると聞く。仮面は祭礼などで使用され、とても神聖なものとして扱われていた。強い生き物の象徴であるジャガーや鷲などをあしらった仮面を王が装着していたのは、その魂が自らに宿ると信じられていたからである。

つまり覆面とは異なり、仮面は憧れや英雄を意味するアイテムだった。メキシコのルチャ・リブレでのマスクは、こちらの流れを強く引き継いでいるのかもしれない。

マスクの歴史には、このように相反する２つの流れがあったのだ。子どもたちにミヤマ☆仮面のマスクの説明をする時には後者だと説明できそうで、正直ホッとした。

こうして、いよいよイベント当日を迎えた。相模原市がアート活動の拠点となるべく作った施設（アートラボはしもと）で、『アートな覆面レスラーになろう』というワークショップが行なわれた。

僕は、自慢のマスクコレクションから本物のＳ・Ｓ（スーパー・ストロング）・マシンやタイガーマスクなどを持参し、マスクの歴史やその魅力を子どもたちに分かりやすく語った。そして、最後はサプライズとして、ミヤマ☆仮面とクワガタ忍者が登場し、参加者を大喜びさせたのであった。

マスクマンの美学——ザ・グレート・サスケ

「サスケってさあ、人前で絶対にマスク脱がないらしいよ」

マスクマンの話で思い出したことがある。いつだったか、僕はレスラー仲間からのこんな話に耳を疑った。

もちろん、ファンや関係者の前で素顔をさらすマスクマンなどいるはずはない。しかし、控室や移動の時など選手間では、絶対に素顔になるからだ。

「マスクを取れないぐらい醜いってことですかね」

この話をそばで聞いていた若手選手が話に入ってきた。

「いや、そうとも限らんよ。あのマスカラス選手も普段、絶対に脱がないらしいが、ハンサムという話だ」

みちのくプロレス所属のザ・グレート・サスケ選手とはほとんど接点がなかっただけに、妄想は膨らむばかりであった。

そんなある日、東京ドームという大舞台で、サスケ選手と試合をすることとなった。1999年5月22日。全日本プロレス主催の東京ドーム大会で、僕は全日の一員として、サスケ選手を迎え撃つことになったのだ。

空中殺法を主体とするサスケ選手と、格闘技色の強いUWF出身の僕とでは、スタイル的に全くの水と油ではあったものの、同じ90年デビューという共通点があった。それだけに、これまでどこか意識していたところはあったのかもしれない。

しかも、若くして日本で初めての地域密着型の団体をつくるなど、そのアイディアと行動力には、定評があった。素顔のみならず興味をそそられる選手だった。

この時の試合は、6人タッグということもあり、下手をすると一回も手合わせすることなく終わる危険もあった。しかし、そんな心配は杞憂《きゆう》に終わった。

お互いパートナーからタッチを譲り受け、短いながらも絡むことに成功した。

試合が終わり、ノーサイドとなった僕は、それをいいことに彼の控室を訪ねた。目的はひとつである。試合後だけにシャワーでも浴びに行くだろうと予想した僕は、その時をじっと待った。

しかし、不純な動機でいる僕を横目にサスケ選手は、一向に素顔になる気配はなかった。

「素顔を見せないというのは、本当だった」

結局、収穫のないまま控室から退散する羽目となった。

2003年、サスケ選手が岩手県議会議員となると、そのマスクが騒動のタネとなった。マスク姿のまま公務を行なうのは、不謹慎だと議会で脱ぐよう要請されたのだ。

確かに世界中見渡してもマスク姿の政治家なんて見たことがない。しかし、大きな話題を振りまきながらも、結局はマスクを脱ぐまでには至らなかった。

２０１０年６月。あの東京ドーム大会以来、再びサスケ選手と試合会場で一緒になった。といっても僕は、試合をするわけではなく、休憩中にミヤマ☆仮面に変身し、お客さんの前で体操を教えるという役割だった。

今度こそはと11年越しのリベンジを果たすべく、同じ控室にずっと一緒にいる作戦をとった。

「僕は引退してからマスクマンに転身したのですが、思った以上にマスクって暑いですね」

同じマスクマンを強調しながら、僕はどんどん相手の領域に踏み込んでいった。

その時、サスケ選手がバックから病院でもらった風邪薬の袋を取り出した。僕は、待っていましたとばかりにサスケ選手に直球の質問を投げかけた。

「さすがに病院へはマスク姿じゃないですよね？」

さまざまな検査や治療をする病院では、さすがのサスケ選手もマスク姿であるはずはないと思っていた。

「もちろん、マスクですよ。どこに行こうが、これが僕の顔ですから」

期待していた答えとは違っていたが、その口調には妙に説得力があった。そういえば病院ではないが、僕の知り合いは高級ホテルのスポーツジムで、マスク姿のサスケ選手が一人でふらっとやって来たところを目撃している。

そして、彼の言葉がふざけたものではないというのが、次の行動であきらかになった。

サスケ選手はこの日、熱があるといいながらも控室にあるバーベルやダンベルを使ってカラダを動かし始めた。キャリア20年になる大ベテランだが、上半身をパンプアップ（筋肉を張らす）するために一心不乱にトレーニングを続けているのだ。

黙々と腕立てをしているカラダは、汗でびっしょりである。驚いたのは、入場テーマが鳴り始めても、それを一向に止める気配がないことだ。

決して出番を忘れているわけではない。心配するこちらには一切目もくれず、ダンベルを繰り返し激しく持ち上げていた。おそらく1ミリでもカラダをよく見せるための行動なのだろう。しかし、ここまで出番ギリギリまで筋トレを続ける選手など見たことがない。

本当に恐れ入るほどのプロ根性である。この姿を見る限り、人前でマスクを脱がないというポリシーも彼のマスクマンとしての美学に違いない。

もう彼の素顔を追いかけるという野暮なことは止めにしよう。

男が惚れるプロボクサー——八重樫東

「これ何だと思いますか？」

2012年末のことだ。以前から親交のあるプロボクサー・八重樫東《やえがしあきら》選手に向かって、僕は得意の虫の話題に入った。

僕が手にしていたのは、なんと5ミリほどの小さなクワガタだ。八重樫選手は、その極少のクワガタに驚きを隠せないでいた。

「これはマダラクワガタと言って日本最小のクワガタなのですよ。クワガタ界の……」

僕は、咄嗟《とっさ》にこの後の言葉を飲み込んだ。

「クワガタ界のミニマム級ですよ」と言おうとしたからだ。

八重樫選手が、あの井岡一翔《かずと》選手と争ったWBC・WBA世界ミニマム級王座統一戦を思い出すのを懸念し、口をつぐんだのである。この時点で統一戦からはすでに半年が経っていたが、やはり本人を前にすると気を遣ってしまう。

この日、八重樫選手ならびに大橋ボクシングジムの面々は、サンタの格好に身を包んで神奈川県の児童養護施設を訪れ、子どもたちと餅つき大会を楽しんだ。

「貴重な休みをボランティア活動に費やして、ホント偉いですよ」

帰り道、八重樫選手と2人だけで電車を待っている時、僕はそう声をかけた。

八重樫選手はかなり疲労困憊しているように僕の目には映った。ボクシングの練習以上に筋力トレーニングに力を入れていたからだろう。服の上からでも筋肉が肥大化しているのがわかるほどだったのが、何よりの証拠である。土居進トレーナーと取り組んだフィジカル強化の成果は確実に出始めていたのだ。

井岡選手が、ミニマム級からひとつ階級を上げたのに対して、八重樫選手は、飛び級でフライ級に挑戦しようとしていた。この階級のWBCチャンピオン（当時）は、五十嵐俊幸選手。学生時代の対戦成績は、4戦4敗と八重樫選手がアマチュアでは一度も勝てなかった相手だ。普通なら、そのような苦手は避けたいのが心情だろう。

しかし、八重樫選手は並みの選手とは違う。松本好二トレーナーも呆れるほどの負けん気の塊《かたまり》なのである。〝やられたらやり返す〟の信念のもと、アマ時代のリベンジを果たすべく、五十嵐選手との対戦を決意したのだった。

とはいえ、相手とは身長で6センチ、リーチではなんと9センチもの差がある。戦績だけでなく体格でも勝っているチャンピオンの牙城を崩すのは厳しいものと思われた。そう感じたのは、僕自身もリーチ差で苦しんだ経験があるからだ。

20歳の頃、ビル・ロビンソン先生のもと、テネシー州ナッシュビルへ武者修行に行った時のことだ。間借りしていた練習場所がボクシングジムだったこともあり、レスリングだけでなくボクシング特訓も行なった。

アメリカは、日本と違って体の大きなボクサーが多く、スパーリングの相手に困ることはなかった。その中に、キース・マックナイトという選手がいた。

彼は188センチの長身の白人ボクサーで、州のチャンピオンだった。身長は8センチほど彼が高く、リーチも長かったものの、体重では僕の方が勝っている。いくら州王者とはいえ、それほど打ち負けるとは思わなかった。

それに僕はスピードにも自信があった。マイク・タイソンよろしくダイナマイトパンチで、良いところを見せてやろうと意気揚々とスパーリングを決行したのだった。ところが……。

こちらのジャブはかすりもしない。一方で向こうのジャブは気持ちいいほど僕の顔にクリーンヒットした。予想以上に相手の懐に入るのは難しく、嫌というほどリーチの差を体感することとなったのである。

ふと、20年前の苦い経験を思い出した僕は、八重樫選手のハンディがとても気になったのだ。

「コクワ仮面（八重樫選手）、大丈夫かな？」

僕の不安げな顔を見た息子も心配していた。

2013年4月8日、運命のゴングが、両国国技館に鳴り響いた。

八重樫選手は、1Rから五十嵐選手の様子をうかがうことなく、果敢に相手へ突っ込んで行った。

「なるほど〜、この作戦かぁ〜」

彼は、必ずといって良いほど相手と至近距離に身を置いて闘う。こうすれば、リーチ差など全く関係ない。

「ここまでしつこいと相手も嫌だろうなぁ」

2階級も上げたことを全く感じさせないスピードで相手に忍び寄り、距離を詰めた。ただ、近い距離で闘う時間が長いため、お互いバッティングに苦しみ、目尻から激しい出血がみられた。

僕もキングダム時代、オープンフィンガーのグローブを着用して試合をした時、バッティングで大惨事を起こした経験がある。後輩の山本喧一選手との対戦中、お互いに接近して殴り合おうとした瞬間、距離が近すぎて頭を激しくぶつけ合ってしまったのだ。

彼の石頭で脳震盪を起こした僕は、開始わずか数十秒で10カウントを聞いた。こんなことを思い出しながら見ているうちに、試合はあっという間に最終ラウンドへ。

八重樫選手は、脅威のスタミナで最後まで五十嵐選手を圧倒し、3-0の大差での判定で、飛び級での2階級制覇に成功したのだ。ベルトを奪取したこと以上に、苦手を完全に克服した八重樫選手のメンタル面には脱帽した。

その後、八重樫選手はWBCのベルトを3度防衛した。最強の挑戦者ローマン・ゴンザレスには無念のKO負けを喫したが、一歩も引かない打ち合いを演じ、観る者の心を熱くしたのだった。

タッグ結成——辻よしなりアナウンサー

「まさかこんな所で再会するとはねぇ」

テレビ朝日『ワールドプロレスリング』の実況でお馴染みだった辻よしなりアナウンサーは、

驚きの表情で僕を見つめていた。

２０１３年2月8日～11日の４日間、幕張メッセで行なわれた『ジャパンキャンピングカーショー』で、お互い出演者として久々に遭遇したのだった。

このイベントは、年に一度開催される日本最大のキャンピングカーの祭典だ。全国からキャンピングビルダーやディーラー、それに関連企業が集まり、展示車両は２５０台、３２２ものブースが出展した。今回は例年より開催日程が１日延び、さらにパワーアップしていた。

会場内には立派なステージが作られ、そこではさまざまなイベントが行なわれた。お笑いコンビであるペナルティのヒデや、ミュージシャンのシャ乱Ｑ・まこと、元フジテレビアナウンサー富永美樹など芸能人も華を添えた。

そして、総合司会を務めていたのが辻さんであった。

辻さんは、古舘伊知郎さんの後釜としてワールドプロレスリングの実況を担当し、マット界を大いに盛り上げた立役者のひとりなのである。

「90年代の闘魂三銃士（武藤敬司、橋本真也、蝶野正洋）やＵインターとの対抗戦など良い時代のプロレスに携われて幸せでした」

確かに90年代の新日本プロレスは、グレート・ムタ選手や、橋本ＶＳ小川戦の〝負けたら引退〟企画、それに蝶野選手のＮＯＷ軍など、80年代のプロレス黄金期に負けない刺激的なプロレスだった。それを、時に涙を流しながら熱い実況で試合を盛り上げたのが、この辻さんだったのだ。

「16年間もプロレスの実況をやらせてもらったのは本当に誇りですよ」

辻さんは、何度もこの言葉を会話の中で口にしていた。

ここまでプロレスをリスペクトしてくれていたことを知り、僕はとてもうれしくなった。そんな2人がタッグを組んでイベントをやるのだから、気合が入らないわけがない。

「さあ、続きましては、お子様必見‼　昆虫ヒーロー・ミヤマ☆仮面の登場ですよ。これから昆虫バトルのクワレスを行ないます。このクワレスは、本物のクワガタ虫のプロレスでございます」

実況時の口調より、当然ながら抑えめではあるものの、彼の力のこもった言葉に舞台袖でスタンバっている僕も段々と気持ちが高揚していった。自然とリングに上がる時のような心境になり、いっそう気が引き締まった。

辻さんと入れ替わるようにして、僕は勢いよくステージへと飛び出し、全力のパフォーマンスで子どもたちを盛り上げた。

「いや～、完全に役になりきっていて素晴らしかった。そこに少しでも照れがあったら、見ている方が恥ずかしくなるけど、それが全然なかったよ」

イベント終了後に辻さんからお褒めの言葉をいただいた。

実はショーの中で、クワガタのバトルを実況する部分があり、僕はいつになく緊張していた。

実況のプロに聞かれるのだから、焦るなと言うほうが無理な話である。僕のそれは、プロレスの実況を模倣しているため、本家の前でやるのは少々気が引ける部分もあったのだ。

しかし、意識するのをやめて、いつも通りのスタイルを最後まで崩さないよう努めた。仮にも、よそ行きのパフォーマンスを見せれば、必ず見破られる気がした。なぜなら、プロレスの実況は、他のスポーツに比べて選手の内面を語ることが多いからだ。

「垣原さんが新日（入団）の頃は、頭の中で考え過ぎ、周りに気を使って試合をしていたのではないですか？」

出番前、辻さんから、こんなことをさらりと言われてしまった。他にもいくつか指摘されたことが、すべて図星であった。

現役時代、辻さんから直々にインタビューを受けたのは、2度ほどしか記憶にない。それもテレビ中継時のものなので、僕もマスコミ向けのコメントを発していた。つまり決して本音で語り合った間柄ではないのだ。

試合を見ているだけで、そこまでお見通しとは、その洞察力に脱帽である。だからこそ、この人の前では、飾らずいつも通りの自然体でやるのがベストだと思った。その結果、まずまずの合格点をもらえたことに、正直ホッとした。

僕は、日本中の子どもたちに虫の素晴らしさや自然の大切さを伝えるのが、ミヤマ☆仮面の使命だと思ってやっている。その揺るぎないポリシーが彼にも伝わり、高く評価してくださったのかもしれない。

もちろん、実況のスキルとしては課題が山積みだが、何とも言えない充実感があった。それにマット界から卒業したプロレス者の2人が、違うジャンルで手を組めた意義も大きい。

「意外なところでもプロレスと繋がっていたりして、感謝することが多いです」

僕の言葉に辻さんも大きく頷《うなず》いた。

どのジャンルで仕事をしようとも不思議とプロレスと縁がある。スタッフやクライアントにプロレス好きな方が実に多いのだ。僕は現在、新日本プロレスとの仕事は皆無となったが、それでもプロレスの看板は一生外せないだろう。

この年のジャパンキャンピングカーショーの来場者数は、実数で5万4千人と大賑わいで幕を閉じた。ミヤマ☆仮面も、少しずつだが認知度が高まっていると感じる。

キャンピングカーで全国制覇!?

「熊本で、クワレスをやってもらえませんか?」

キャンピングカーショーのイベントへの出演依頼で、熊本に行くことが決定した。

プロレスの試合では、何度も行った熊本へ、まさかミヤマ☆仮面として訪れる日が来るとは思わなかった。

実はクワレスは、九州に何かと縁がある。

ミヤマ☆仮面のマスクを作ってくれたのが、九州プロレスを立ち上げた筑前りょう太選手であり、クワレス特製リングを作ってくれているのは福岡在住の古賀邦博さんという方だ。

古賀さんは、オオクワガタ採集名人として、地元・福岡では名が知られており、僕もレスラー時代からお世話になっている。

九州の佐賀平野は、オオクワガタの三大産地のひとつで、僕も東京から足繁く通ったものである。そんな思い入れの強い九州に関して、とても面白い話が持ち上がった。

なんと、ナッツＲＶ様がキャンピングカーを提供してくださり、運転して九州まで行くという企画だ。『オートキャンパー』（八重洲出版）というキャンピングカー雑誌の取材も兼ねて、神奈川から九州を旅するというロマンあふれるものである。

「ミヤマ☆仮面親子が、オオクワ採集にアタックするのも面白いですね」

キャンピングカーは、確かにクワガタ採集には、もってこいの車かもしれない。採集ポイントそばで前泊できるのだから、朝一で行動するには、最高の環境だ。

５月15日、いよいよ熊本へ向けて出発する日を迎えた。

今回のルートは、自宅のある相模湖からスタートし、大阪の南港までキャンピングカーで走り、フェリーにて北九州の門司港へ入る。そこから再びキャンピングカーで福岡、佐賀、熊本と旅する日程である。

キャンピングカーは高さが3メートルもあるが、運転は思っていたほど難しくはない。道路が混んでいる時間帯は車内で寝て、空いている時に移動できるから、スイスイ行けるのがありがたかった。

途中で疲れたら、足を伸ばしてフラットの状態で横になることができるのも大きい。車内には、ダブルベッドほどの広さの寝室が2つもあるから、家族で行ってもゆっくりできるのだ。

ミヤマ☆仮面のイベントは家族総出で行なうため、広いキャンピングカーは本当に助かる。それに最近の高速道路のサービスエリアは、食事のおいしいお店がたくさん入っているし、シャワーやお風呂まで完備しているので、とても快適なのだ。

「なんか自由を手に入れた気分だ」

時間に縛られない旅ができる点が、キャンピングカーの最大のメリットかもしれない。僕は興奮を抑えられないまま、九州へと上陸したのであった。


福岡でおいしいグルメに舌鼓を打った後、佐賀平野で古賀さんとおち合い、オオクワガタ採集にトライした。

カメラマンやディレクターさんも同行しての9時間に及ぶ密着取材であったが、残念ながらオオクワガタを目にすることはかなわなかった。

MTBをキャンピングカーに積み込み、自由な旅を満喫

しかし、この後に向かった熊本で大きな感動を味わうこととなった。

「垣原さん、見て下さい！　25年前に苗木から植えたクヌギですよ」

そこには立派に育ったクヌギ林が並んでいた。古賀さんは虫採り名人というだけでなく、オオクワガタが棲める森をつくろうと約1000本のクヌギを育てている熱い方なのである。

「クワレスのリングは、この木から作っているのですよ」

クワレスで使用しているミニチュアのクヌギの台場は、古賀さんが手塩にかけて育てた木からつくっているのだ。

今回、その場所に足を運び、クヌギの成長を見られたのは大きな収穫だった。

「25年という歳月が、ここまで立派な木を育てるのですね」

僕は、樹皮をさすりながら、問いかけるようにつぶやいた。地道に続けることの大切さをこの木から学ばせてもらった気がする。

熊本で行なわれたキャンピングカーのイベントも大成功で無事に終わり、帰路に向かおうとした時、ふと天草に行きたくなった。

「よし、これから天草に行こう！」

宿の心配がいらないから急遽《きゅうきょ》予定を変更できるのも、キャンピングカーの利点だ。

熊本から天草五橋を渡ると、そこは別世界のような素晴らしい大自然の中、歴史が刻まれたお寺を数多く見かけた。

僕は早速、息子を連れて、キリシタンの歴史や日本最大の一揆「天草・島原の乱」を学ぶために資料館を回った。天草四郎や隠れキリシタンの歴史を抱える天草にいると〝自由〟の有難さを強く感じる。

「やっぱり天草まで来たのだから、ミヤマ☆仮面のクワガタポーズを広めて帰りたい」

急遽、地元の保育園にもお邪魔させてもらい、園児たちと交流をさせてもらった。

突然のミヤマ☆仮面訪問に子どもたちは大喜びだ。

「クワガタポーズで、クワクワ〜」

園児たちとは昆虫体操や虫クイズ、綱引きなどを行なった。

レスラー時代とはまた違う、エキサイティングな旅が終わってしまうのは、本当に名残惜しかった。

「子どもたちに虫を好きになってもらうべく、日本全国津々浦々まわりたいな」

これは、僕の使命である。

キャンピングカーがあれば、実現は夢ではないかもしれない。

その時、８年目を迎えていたミヤマ☆仮面の活動は、最高のパートナーを手に入れ、好発進したのであった。

ブラジル『ジャングルファイト』から養老の森へ

「あれから10年も経ったなんて信じられない」

サッカーのワールドカップ・ブラジル大会が開催された時、２００４年にアントニオ猪木さんと一緒に行ったブラジル遠征を思い出した。

現地で『ジャングルファイト』という森林保護を目的とした格闘技興行に出場したのだが、試合のルールはプロレスではなく、総合格闘技であった。本音はプロレスの試合がしたかった。だが、この興行の現地プロモーターが、ブラジリアン柔術のヴァリッジ・イズマイウ選手だったため仕方がなかった。

それだけに、せめて入場ぐらいは、プロレスばりにエンターテイメント色を強くしたかった。

僕は日本を強調しようと着物を用意してきたのだが、これをイズマイウ選手はよしとしなかった。

「これは真剣勝負の試合だ。プロレスのような真似だけはしないでくれ」

通訳を通じて、イズマイウ選手から釘をさされた。しかし僕は、どうしても普通に試合をして終わるのが嫌だった。

和風案がボツとなり、僕はもうひとつの案を実施しようと考えた。実は、ターザン風の試合用タイツを用意してきていた。あのジャングルの王者・ターザンである。

もちろん、コテコテのターザンに扮するだけではつまらない。流木を日本刀に見立てて、殺陣のパフォーマンスを行なうターザンを思いついた。僕は、日本人であることをどうしてもアピールしたかったのだ。

着物に日本刀のパフォーマンスは封じられたが、このブラジルと日本のミックス案はいけると思った。現地に到着して、僕の心はずっとウキウキしていた。四角いジャングル（リング）で、ターザンに変身できるからだ。

プロモーターには、この案は伝えなかった。はるばるブラジルまで来たのだから、やったもん勝ちの精神でやろうと決意したからである。コスプレの伝道師（？）である猪木さんの一派として登場するのだから、これぐらいはやらないと駄目だ。

決意が固まったら、次にやることはひとつ。入場でターザンを演じるのだから、やはりジャングルに足を踏み入れなくては嘘になる。僕はブラジル入りしてからジャングル探索の機会を虎視眈々とうかがっていた。正直に言うと、ターザンよりも、世界最大のカブトムシであるヘラクレスオオカブトの生態観察をしたかっただけなのだが……。

現地では試合のルールミーティングや取材、それに植樹祭などがあり、かなりのタイトスケジュールであった。まとまった自由時間などは皆無に等しかった。滞在しているマナウスからアマゾンのジャングルに行くには予定の隙間を縫うかたちでは難しい。

唯一、行けるとしたら、試合当日のみだ。

「これは試合の日に行くしかないかなぁ……」

2004年、アントニオ猪木さんと森林保護を目的としたブラジル遠征で植樹祭に参加

試合開始は、夜20時予定のため、朝から行けば夜までには会場へは戻ってこられる。
ただ、アマゾンに行くのは初めてだ。何かあって試合に穴でも空けたら大変なことになる。当日の朝まで悩んだが、僕は意を決して、アマゾンのジャングルへと向かった。
宿泊しているマナウスから車を飛ばしてもらい、アマゾン川へと到着すると、そこからボートに乗り込み、ジャングルを目指した。原生林を歩きたかった僕は、ガイドをせかして二次林を早足で歩いていったが、人間が伐採したエリアは想像を絶するほど広かった。

「こんなに歩いても細い木ばかりだ。やっぱり自分の目で見て正解だった」

その昔、ヨーロッパから大勢の人が押し寄せ、現地の人とともにジャングルの中からゴムが採れる木を根こそぎ切ったという。猪木さんをはじめ、試合に出場する選手全員で植樹祭に参加した際、マナウスの州知事から、こんな話を聞いていた。

そして「木を伐採した過去を反省し、現在は積極的に木を植え、育てている」とも。実際にジャングルを歩いたからこそ、その言葉が僕の心に響いた。この時の体験が、〝森を守る昆虫ヒーロー〟ミヤマ☆仮面の活動につながっていったような気がする。

2014年5月8日、山梨県の道志村にあるキャンプ場で、森林再生の一大プロジェクトである『養老の森』の発足記念パーティーが行なわれた。顧問は、解剖学者であり東京大学名誉教授の養老孟司先生である。

養老先生は、ゾウムシなど昆虫にも造詣が深い。

「森の手入れをして、この森を本来あるべき姿にしたい」

あるべき姿とは多種多様な昆虫が棲む森である。僕は、その趣旨に共鳴し、養老の森づくりの立ち上げメンバーに入れていただいて活動している。

「（養老の森を）これからやっていく上で、一番大切なことは何でしょうか？」

養老先生にこのような質問をしてみたところ、「20年や30年という長い年月をかけて、この活動を持続していくことだ」と仰っていた。

何よりも大切なのは、活動をずっとずっと続けていくことなのだ。ブラジルでやったジャングルファイトのように一過性で終わらせてはいけない（ジャングルファイトという名の大会は現在も続いているが）。

５ヘクタールもの敷地面積を持つ養老の森を生まれ変わらせるには、きっと気が遠くなるような時間がかかる。すぐには結果が出ないものだけに大変なことの方が多いだろう。しかし、昆虫ヒーロー・ミヤマ☆仮面として、未来の子どもたちに豊かな森を残すべく、息の長い活動を続けていくつもりだ。

第6章 負けるわけにはいかない、がんとの闘い

がんとの闘いの幕開け

「悪性リンパ腫ですね」

２０１４年の年末、大学病院で受けた検査結果を聞いて、頭の中が真っ白になった。

「それってまさか……」

悪性リンパ腫は、血液のがんなのである。信じられない現実を突きつけられ、僕は茫然自失となった。

前兆がなかったわけではない。

「このシコリ、気になる」

両脇に大きなシコリがあることに気がついたのは、その数週間前だった。

ウエイトトレーニングのアームカールをやっていると脇の奥に違和感があった。重い腰を上げ、近所の病院で診てもらったのは、クリスマスを迎える12月中旬だった。

「大学病院に紹介状を書きますので、すぐに行って下さい」

院長のこの言葉を聞いて僕は嫌な予感がした。大学病院での検査結果が出るまでの間、ミヤマ☆仮面のイベントや撮影をこなしていたが、心ここにあらずといった感じの数日間を過ごした。

2014年を締めくくる最後の仕事は、〝闘うサラリーマン〟こと寺島力さんに僕のかつての必殺技を公開練習で伝授するというものだった。

寺島さんは、キリンビール「のどごし生」のTVコマーシャルで、リングに上がるという夢を叶え、長州力選手と対戦したことで一躍有名になったサラリーマンだ。3万5千通の応募から選ばれたのだからスゴイ強運の持ち主である。

しかし、これはあくまでCMの企画であって本物の試合ではなかった。ところが、年明けの2015年1月31日に、あのボブ・サップ選手との試合が実現することとなったのだ。ニュースを目にした僕は、何か手伝いたいと強く思った。寺島さんとは、面識があったわけではないが、この無謀極まりない挑戦に心を動かされ、少しでも役に立ちたいと純粋に思ったのだ。

「そうだ、サップ選手に回転ヒザ十字固めを極めれば勝機があるのでは？」

僕は、お節介と承知しながらも主催者に連絡し、サポートしたい旨を伝えたのだった。

「(佐々木)健介戦で使ったこの技はかなり有効だから絶対に使うべきだ」

何が僕をここまで突き動かしたのかわからないが、話もトントン拍子に進んだ。ご本人も僕の東京ドームでの試合をしっかり覚えているそうで、ぜひとも教わりたいとの返事をいただいた。

話を聞いていると、彼とは意外なところでつながりがあった。実は、現在、『カッキーカッター』を伝承してくれている田中稔選手のバトラーツ時代の弟子だったそうだ。同じU系という共通点が見つかり、僕はさらに気合が入った。

そんな矢先に病気が見つかったのだ。

僕もこれからボブ・サップ以上のモンスターと闘っていかなければならない。僕の血液に潜む悪性リンパ腫は、かなり手ごわい相手となるだろう。

悪性リンパ腫にはいくつものタイプがあるが、僕は濾胞《ろほう》性リンパ腫といって、再発が多く、完治が難しいものであるようだ。その上、全身にそれが広がってきている。プロレスで言えば、カウント2・9の状態なのかもしれない。

今、病気のことをとことん調べている。敵を知らないと攻略できないし、先生だけに任せておくという他力本願な姿勢が嫌だからだ。それと病気になった原因をじっくり考え、根本的なところから変えていかないと駄目だと思っている。

血液の病気であることを考えると食事に問題があったのは間違いないであろう。これまで僕は、筋肉をつけることばかりに目がいき、とにかく、たんぱく質を摂ることに力を入れてきた。それにスイーツ好きも問題ありだったと思われる。つまり、過度のたんぱく質、砂糖や油の摂取。これこそが病気を作り出した原因であると確信している。

がんは、栄養・代謝の摂食障害と本に書かれてあるのを目にした。きっとミネラルやビタミンが細胞にしっかりと行き届いていなかったのだと思う。現在、肉や魚などの動物性のたんぱく質や塩分、砂糖、油のカットをしていき、新鮮な野菜や果物を大量に摂取するという食事療法を行なっている。正直、かなり過酷である。

食事を基本としながらも免疫療法など良いと思われるものは何でも取り入れて試している。もちろん、これに現代医学の化学治療をメインに行なっていく予定だ。

西洋医学と東洋医学の良い面を取り入れ、正面からぶつかっていきたいと思う。僕は、難攻不落の不治の病からスリーカウントを獲るべく、ネバーギブアップの精神で最後まで闘い抜くつもりだ。

過酷きわまりない食事療法

「がんには、ゲルソン療法が効くみたい」

娘が、海外に留学中の友人から入手した情報を興奮しながら僕に話してくれた。

2014年末にがん患者となった僕は、多くの情報を必要としていた。

「ゲルソン?……聞いたことはないけどトライしてみようかな!」

娘の真剣な眼差しを見ていると、直感的にこれだと感じた。僕はすぐにゲルソン療法について書かれてある本に片っ端から目を通し、自分なりに研究してみた。調べていくうちに栄養療法であるこの治療法に大きな可能性を感じるようになった。

結論から言うと、やってみる価値のある方法だと強く思った。はじめは食事でがんが治せるとは考えなかったが、分子栄養学をわかりやすく説明しているゲルソン療法には説得力があった。血液のがんである悪性リンパ腫を克服するには、血液を造る食事しかない！

「よし！　覚悟を決めてやっていこう」

ただし、ゲルソン療法はかなり厳格なので、これを続けるには家族の協力も不可欠だ。しかも再発防止を考えれば一時的だけではなく、一生続けなければならない。今の僕のように極限まで追い込まれていないと、続けるのは困難だろう。

「パパ、頑張って！　絶対に大丈夫だから」

子どもたちのこんな言葉を聞いていたら、石にかじりついてでもやり遂げるしかない。

「よし！　自分が良いと判断したからには、全力で取り組んでいこう」

幸いにも入院（15年1月中旬）までしばらく時間があったので、早速、このゲルソン療法に取りかかった。要となるのは、新鮮なミネラルとビタミンを大量にカラダへ取り込むことだという。

基本は、人参とリンゴをベースとした野菜果物ジュースだった。本には、なんと1時間ごとに計13回も飲むと書かれてあった。

さすがにこれを忠実に再現するのは不可能に近いので、1回の摂取量を増やしてその分回数を減らし、トータルの総量は同じにした。そうしないと作るほうだって倒れてしまう。

ジュースに使用する野菜は、無農薬のものを使用しないといけないため、近所の農家を探し歩いた。なんとか生産者の顔が見える無農薬野菜を運よく見つけることができた。そして、泥のついた人参を洗うところからジュース作りがスタートしたのであった。

野菜は、ジュース以外でもサラダにしたり、温野菜にして大量に食べなくてはならない。野菜は嫌いなほうではないので大丈夫だろうと安易に思っていたが、これが甘かった。なんとゲルソン療法では、ほとんどの調味料が禁止されているのだ。つまり、塩や醤油、マヨネーズ、ケチャップなどを一切使用できないのである。

「野菜本来の味を楽しめて幸せだよ」

このように自分に言い聞かせ、我慢して食べるしか方法はない。レモンやはちみつ、黒糖、亜麻仁油を使って食べる手もあるが、日本人には塩を抜くのが一番堪える。

このような食生活を続けていることを新日本プロレスの永田裕志選手に話す機会があった。

「それはかなり大変ですね」

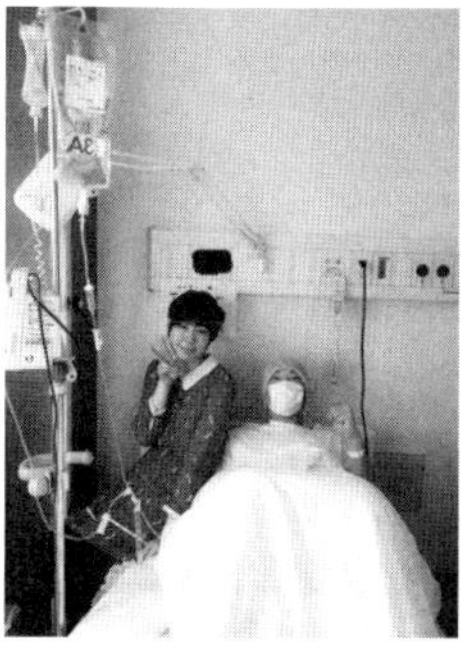

アイドルになった娘と病室にて

彼も驚きを隠せなかった。

もうひとつゲルソン療法には過酷さの極みがある。なんと「動物性のたんぱく質は全面禁止」なのだ。僕はずっと肉食中心であっただけに頭を抱えた。

レスラー時代、何度も一緒に食事をしていたことがある永田選手も、さすがに肉抜きには言葉を失っていた。カラダが資本のレスラーは肉を食べないなど考えられないからだ。

現在もトップで活躍している永田選手は、特別な食事制限などはしていないようだが、アルギニンとシトルリンというアミノ酸のサプリメントを愛用し、良いコンディションをキープしているそうだ。

「やはりサプリもダメですよね？」

勘の良い永田選手だけに、この食事療法の厳格さをすぐに理解していた。

それにしても47歳を迎えた永田選手は、本当にコンディションが良くて羨ましい。服の上からも筋肉が隆起しているのがわかる永田選手のカラダを見ていると、どんどん筋肉が失われていく自分をひどく惨めに感じた。

「この先、ミヤマ☆仮面をどうしよう……」

ミヤマ☆仮面は筋肉が売りのひとつだけに大きな焦りを感じた。

「牛や豚だけの禁止ならわかるけど、鶏肉や魚すらもダメっていうのは、筋肉をつけるのをあきらめろってことかな」

僕は急に将来への絶望感に襲われた。

植物性たんぱく質を含む大豆などはかろうじて許されているものの、以前のような筋肉をキープするのは、かなり厳しいだろう。病気を倒すのが先決なのは頭では理解できるが、ついついつらい感情に支配され、冷静に物事が考えられなくなる。

「とにかくゲルソン療法を信じよう」

今は、そう自らに言い聞かせている。

支援の輪に感謝

「がん保険には入っている?」

僕のことを心配した友人からこんな質問をされた。

「やっぱり予想以上にお金がかかるのか……」

自分が当事者になってみて、がんになると病気よりも経済的な心配が先に立つことを知った。

ふと治療に専念できなかったことで命を落とした知人の記憶が蘇ってきた。

「妥協するのはよそう」

僕は、治療に専念するために信頼できる方から大きな借金をした。これで余計な心配をしないで正面からがんと勝負ができる。

「白血病を克服したK-1の選手も募金をやっていましたよ。垣原さんもやりましょう」

Uインター時代の後輩からもこのような提案をもらった。

僕を思いやってくれたうれしいアイデアではあるが、そこまでやってもらう考えはなかった。

世の中には大変な方がもっともっとたくさんいる。それを考えたら申し訳が立たないのである。

このことを提案してくれた本人に直接伝えるのが忍びなかったため、先輩である山崎一夫さんにその旨を伝えた。しかし、また別の方から声がかかり、とうとう断れない状況に追いこまれてしまった。

「お金を振り込むような大がかりな募金は抵抗があるので、小さな募金箱をイベント会場とかの片隅に置くぐらいにしてください」

これが僕の本音であったが、気がつくと大規模な展開へと動き始めていた。

『カッキー応援隊』を作ろうと動き出したこの方は、僕と会った翌日には山崎さんの元へ足を運び、今後の具体的な方策を練っていた。そのフットワークの軽さは予想外だった。大きな会社の社長さんなので、僕のためにここまで動いてくれるとは正直思ってもみなかった。

「フェイスブックで応援サイトを作りました。それと応援Tシャツのデザインを早速制作したので目を通してくださいね」

このような連絡が矢継ぎ早に僕のところに入った。

国内外を問わずボランティア活動を長年やられている方なので、アイデアとコネクションが豊富なのだ。

募金活動の第一弾は、先輩である安生洋二選手の引退試合（後楽園ホール）で行なわれた。かつてのＵＷＦファンがたくさん来場したこともあり、一気に火がついた。その翌週には、新宿中央公園で開催されたアウトドアイベントに桜庭和志選手や菊田早苗選手、髙山善廣選手など著名な格闘家やプロレスラーが大集合し、募金活動を行なってくれた。

この模様をプロレス雑誌やボディビル専門誌、スポーツ新聞が報道したため、どんどん活動が広がっていった。今の時代は、ツイッターやフェイスブックなどもあるため、すごい勢いで情報が拡散していく。大小に関わらず多くのプロレス団体が、まるで競うように次々と募金活動を始めだしたのには正直驚いた。

ついには、古巣の新日本プロレスが、僕のために特製トートバックを作り、両国国技館などの試合会場や通販で大々的に発売することが決まった。

「新日を引退して、もう9年にもなるのに……グッズまで作ってもらうなんて申し訳ない」

こんなにも多くの皆さんから応援してもらえることに感謝感激である。

4月19日には、テレビ朝日のプロレス中継『ワールドプロレスリング』で、短い時間ではあるが、募金活動の模様などが特集のような形で放送されていた。若き日の自分の試合までが放送されたのは、おそらく僕へのエールだろう。

「この頃は、いい動きしているな」

僕は家族に冗談を言いながらもファイターとしての血が騒ぎ始めた。

「もう一度、リングに立ちたい」

家内が聞いたら卒倒しそうな目標がメラメラと燃え上ってきた。元気に復活した姿を見せるには、これが一番わかりやすいのではと本気で思っている。

しかし、現在の僕の体重は、たったの68kg。前田日明さんに「もやし」と呼ばれていた練習生時代のカラダと同じである。25年間かけてつくってきた筋肉は、悲しいほどそぎ落とされてしまった。「おじいちゃんみたい」と冗談で言われてしまうほどヨボヨボの体となっているのである。

でも、ここからもう一度、鍛えていく気持ちが湧き上がってくる大きな出来事があった。それは「シャ乱Q」ボーカリストのつんく♂さんだ。この4月、声帯を摘出したことを発表したので、ご存知の方も多いだろう。同じがん患者ということもあり、つんく♂さんからは時々、アドバイスやエールを受けていたが、その事実を知った時の衝撃は大きかった。

「アーティストにとって声は命同然のはず……」

筋肉がなくなり、落ち込んでいる自分の悩みなんて鼻くそみたいに思えた。究極の選択をしたつんく♂さんのこの強さを見習うべきだと思った。燃えるような大きな目標を持たなくては恥ずかしい。

「同じがんで苦しんでいる方の希望の光になるよう努力しよう!」

まずは、がんを攻略し、病を克服しなければならない。そして、その先には応援してくださった皆さんへの恩返しが待っている。こんなにも多くの方に支えられている幸せ者の僕には、それを返していく義務があるのだ。

つらい食事療法を始めて半年以上が経とうとしているが、高い目標ができ、すべてを前向きに考えられるようになった。これも支援してくださっているすべての方々のおかげである。

息子の素顔デビュー

「素顔での撮影はちょっと……」

5歳からマスクを被って僕と一緒にイベント活動している息子のつくしは、素顔をさらすのを極度に嫌がる。彼はマスクマンとしてのポリシーが人一倍強いのだ。同業者にすら素顔を見せることのないミル・マスカラス選手を目指しているのだろうか？

現在、13歳になる息子が、初めてマスクを被って人前に出たのは5歳の時だ。タイガーマスク選手と一緒に花道を入場するチビッコを募集していて、それに採用されたのがきっかけだ。舞台は新日本プロレスの東京ドーム大会。憧れのタイガーマスク選手と同じ衣装を着て、あの東京ドームの花道を歩けるなんてファンにはたまらない。ちなみに藤波辰爾選手のご子息である怜於南君（現在はレスラー）もそのひとりだった。このように関係者も参加したがるほどの魅力的な企画だった。

5歳だった息子は、この日を興奮しながら指折り数えて待っていた。しかし、試合当日にとんでもない事態が起こった。なんと41・3度の高熱を出してしまったのである。楽しみすぎて遠足前に体調を崩すというのは子どもにはよくあることだが……。

しかし、学校行事とは違い、興行であるから困った。あと数時間後に本番が迫っている中、大慌てで代わりを探してみたものの見つからない。ドタキャンは会社に大きな迷惑をかけてしまうだけに、それは避けたい。

僕は心を鬼にした。

「つくし、男が一度やると言った以上は何があってもやり遂げなければいけない。やれるか?」

幼い5歳児になんとも酷なことを言ったものだと思う。本番では、フラフラした足取りながらも無事に大役をこなし、小さくではあるが、東京スポーツにインタビュー記事も載せてもらった。

「つくし、頑張ったな」

しばらくすると辛かったことなど、どこかへ飛んでいってしまったのか、今度はちびミヤマ仮面として僕と一緒に本格的にやっていきたいと直訴してきた。当時はまだ5歳だったから僕も正直、頭を悩ませた。

「ヒーローは、辛いことがたくさんあるぞ。本当に大丈夫?」

保育園児だったものの、この言葉の意味を理解し、一度だってイベントを休むことはなかった。息子は、ちびミヤマ仮面をやるようになってからというもの体調管理に気を使うようになった。あのドーム事件がよっぽど堪えたのかもしれない。

お風呂上りは湯ざめなどしないよう、すぐに布団に入り、少しでも体調が悪いと感じると徹底して治すことに努めた。ここまでやる5歳児は、なかなかいないだろう。

この見事なまでのプロ根性をみて、僕はふと無茶な企画を思いついた。それは、ディファ有明で行なわれるプロレスの試合に僕とタッグマッチで出るという、とんでもないプランだ。これを聞いた主催者は、さらにそれを上回るアイデアを出した。

なんと、ちびミヤマ仮面のシングルマッチでいこうと無茶振りをしたのである。対戦相手は、幅広いファイトスタイルが特徴の菊タロー選手ということもあり、このオファーを受けることにした。しかし、いくらインパクト重視とはいえ、今考えてもかなりの冒険をしたと思う。幼稚園のお遊戯会とは違い、プロの興行なのだから……。

この快挙?を悪ノリが大好きな東スポがほっておくわけがない。裏一面に『5歳児、プロレスデビュー』と大見出しが躍った。その後、ヤフーニュースにもこの記事が流れたため、ちびミヤマ仮面はちょっとした時の人となった。

そんな子役だった、ちびミヤマ仮面も小学高学年ともなると、ちびと言えないほど身長が伸びてきた。

「そろそろキャラクターをチェンジしないとマズイな」

僕は、本人の希望から次のキャラクターを忍者でいこうと考え、体操教室に通わせた。ちなみに息子は運動神経がイマイチだったため、自宅の庭にマットを敷き、毎日特訓をした。

教える僕は、かつて格闘スタイルだったため、アクロバットな派手な動きなど一切できない。

そこで毎週、体操教室に息子とともに通い、先生の指導方法を盗んできたのだった。

その甲斐もあって、今では忍者のような身軽な動きができるようになったのである。新キャラクター『クワガタ忍者』は、一昨年の七夕に東京ビッグサイトでのキャンピングカーでのイベントで華々しく誕生した。

お笑いキャラのミヤマ☆仮面とクールなクワガタ忍者のコンビは、なかなか好評だった。そんな矢先に僕の病気が発覚しただけにショックは大きかった。

「本当に困った……」

昆虫バトル『クワレス』を楽しみにしてくれているチビッコたちに申し訳ない。

酷く落ち込んでいる僕を見て「クワレスの灯を消さない」と、息子はクワガタ忍者ひとりで続けることを決意した。イベントだけではなく、僕がレギュラーでの出演予定だった山梨テレビの戦隊ヒーロードラマにも代役として素顔で出るとまで言ってくれた。

あれほどマスクを脱ぐのを嫌がっていただけに、これには本当に驚いた。アイドルになった娘に続き、息子までもローカルとはいえ役者デビューをすることとなった。

朝日新聞にも素顔が公開されたが、躊躇《ちゅうちょ》する素振りなどない。ヒーローものの映画の撮影もこなし、今、クワガタ忍者は大忙しだ。

子どもたちはスゴイ勢いで成長している。親として、このままずっと彼らに甘えているわけにはいかない。絶対にがんに打ち克ち、1日も早い復活を果たしたいと思う。

ミヤマ☆仮面とクワガタ忍者（息子・つくし）のツーショット

あとがき――UWF伝承、がん撲滅、森林保全の3大使命

「がんを克服したプロレスラーは、身近でも小林邦昭さんや藤原喜明さん、西村修さん、小橋建太さんとたくさんいます。だから絶対大丈夫ですよ！」

僕の病気を知った上井文彦さんから連絡があったのは年を越して間もない頃だった。上井さんは、新日本プロレス黄金期を支えた営業部長だったこともあり、かなりの熱血漢なのだ。がん告知を受けて、出口の見えないトンネルに迷い込んでいた僕には、この上井さんの言葉が心に大きく響いた。

そうなのだ！　引退しているとはいえ、僕はプロレスラーなのだ。レスラーは超人でなければならない。がんになったからといって弱気になっているようではレスラー失格である。不屈の闘志で頑張っている先輩レスラーを見習わなくてはいけない。

「（アントニオ）猪木さんや（アニマル）浜口さんのあの気合！　あの元気があれば、病気の方から逃げ出しますよ。垣原さんは、同じ病で生きる希望を失いかけた人たちの希望の光にならないといけないのです」

上井さんの口調は、ドンドン熱を帯びてきた。

「そのがんを克服したメンバーで、ＮＰＯ法人を設立して、全国を講演に歩かれてはどうです

か？　新しい希望もわいてくるじゃないですか！」

どこまでもプラス思考な上井さんと話をしていると、その気になってくるから不思議だ。その気になるというか、ある種の勘違いが人生において大きな武器になることを僕は経験で知っている。

カラダが小さく、格闘技の実績が全くなかった僕がＵＷＦに入門し、レスラーになれたのは、それこそ勘違いの賜物なのである。故郷・愛媛にいた当時の僕は、レスラーになれると思い込み、長州力選手や高田延彦選手とリングで対戦する日を妄想していた。中学の卒業式で他の生徒や親御さんを前にして、このことを堂々と言い放ったのだから、今考えるとかなりイタイ少年だったと思う。

しかし、その発言から7年後に両国国技館のメインで高田選手と闘い、１９９６年の東京ドーム大会では、長州選手と一騎打ちをしたのだから、勘違いもバカにできないのである。

「よ〜し、こうなったら、とことん勘違い人生を突っ走ろう」

僕は、悪性リンパ腫を克服するのは当然として、その先にリング復帰という無謀な計画を立てている。厳密には、プロレス復帰というよりもＵＷＦ復帰だ。

ＵＷＦ（第二次）は、既存のプロレスでもなく、総合格闘技にも属さない極めて特殊な団体だった。僕はかねてから女々しくＵＷＦバンザイ企画（仲たがいをした選手をひとつにする）にばかり拘っていたが、今は〝ひとりＵＷＦ〟の道を思案している。

全日本プロレスが「みんなが格闘技に走るので、私、プロレスを独占させてもらいます」とのキャッチコピーで差別化を図ったように、今こそみんなが捨ててしまったUWFを僕が独占するのも面白い。

しかし、現実的にカラダのことを考えると困難を極めるだろう。今の筋肉のない70キロほどの細いカラダを見ると前途多難と思わずにはいられない。がん患者というだけでなく、ブランクが長いのも気になる。数年前に限定復帰でリングに上がった時、肉離れやぎっくり腰をやってしまった苦い経験があるからだ。

だが、胃がんを見事に克服し、今でも現役でリングに上がっている66歳の藤原選手のことを思えば、43歳の若造の僕にできないことはない。

ひとつポイントは、UWFのような試合間隔で行なうこと。プロレスというと連日試合を行なうものだが、UWFの興行は、1〜2カ月に1度の試合ペースであった。ある意味、UWFはスロースタイルなのである。

それに何より森林保全を子どもたちに伝える昆虫キャラクター・ミヤマ☆仮面をおろそかにすることはできない。あくまでも僕の本業はミヤマ☆仮面なのだ。

さて、現在消滅しているUWFをどのように復活させるのか？　相手は？　リングは？　と問題は山積みだが、そこはお気楽にいきたい。

今の時代、インディー団体よりもミクロなプロレス&格闘技団体は山ほどある。そこで1試合、Ｕの試合をやらせてもらうことは決して難しいことではないだろう。草の根運動式に地道にやっていくのである。

同じ血液がんで苦しんでいる人たちに希望を抱いてもらうため、それに『がん撲滅』を啓蒙する意味でも還暦までこれを続けたい。つまり長生きが前提なのだ。がんに絶対負けないという僕なりの宣言でもある。僕は『カッキー応援隊』（代表・山崎一夫さん）をはじめ、たくさんの方に応援してもらっている。その恩返しをしないで、この世を去ることは絶対に許されないのだ。

還暦までにあと17年もあることを考えると、焦らずのんびりと続けるぐらいが丁度いい。ちなみにこの年数は僕の現役生活と同じだ。ＵＷＦ継承、がん撲滅、森林保全の３大使命を全うするには、これぐらいの時間は間違いなく必要だろう。

新たな目標に向かって、僕の第二の青春はここから始まるのだ。

「Ｍｏｖｉｎｇ ｏｎ」――。

最後になりましたが、本書の出版にあたってご尽力いただき、巻頭文まで寄せていただいた同郷の先輩で、クワガタ愛好家でもある二宮清純さん、また、心強いサポートをいただいた株式会社スポーツコミュニケーションズの石田洋之さんに深く感謝いたします。ありがとうございました。

編　　集　飯田健之
編集協力　松山久
装　　幀　若林繁裕
カバー写真　ベースボール・マガジン社
本文写真　山本正二
　　　　　秋山直毅
　　　　　佐藤クミ
　　　　　松本秀樹
ＤＴＰ　三協美術

協　　力　株式会社スポーツコミュニケーションズ

Uの青春　カッキーの闘いはまだ終わらない

2015年8月13日　第1版第1刷

著　　者　垣原賢人
発 行 者　後藤高志
発 行 所　株式会社廣済堂出版
〒104-0061　東京都中央区銀座3-7-6
電話　03-6703-0964（編集）
　　　03-6703-0962（販売）
FAX　03-6703-0963（販売）
振替　00180-0-164137
URL　http://www.kosaido-pub.co.jp

印 刷 所
製 本 所　株式会社廣済堂

ISBN978-4-331-51959-2　C0095